JN445177

직장인부터 중소기업 사장, 가정의 주부까지 필독서
- 생활속의 세금이야기 -

생활속의 회계와 세금

회계학박사 성 백 춘
경영학박사 김 영 택

홍 익 출 판 사

회계와 세금은 생활의 동반자

어느 국가를 막론하고 농경사회를 시작으로 산업사회, 정보화 사회를 거쳐 지금은 지식기반사회에서 또 다른 사회를 형성하고자 분주하게 움직이고 있다.

우리는 다양하면서도 무한한 지식정보가 쓰나미와도 같이 우리가 이를 습득하고 활용할 수 있는 시간적 여유를 주지 않고 급변하게 움직이는 긴장의 연속에서 함께 동행하기 위해 분주하게 노력하고 있다. 이러한 순간이동을 연상케 하는 급변하는 사회에서의 우리는 그 어떤 무엇을 선택함에 있어 수많은 고민과 갈등을 반복하게 된다. 그 고민과 갈등의 원인 중 많은 비중을 차지하는 부분이 바로 금전(金錢)과 관계되는 것일 것이다.

직장인은 자신이 제공한 근로의 대가와 보상에 대해 고민할 것이고, 가정주부는 가계부의 적절한 운용에서부터 재산증식을 위한 부동산의 매매, 유동자금의 활용 등에 대해 고민할 것이고, 사업가는 매출증대로 인한 순이익의 창출에 고민할 것이다. 또한 예비창업자는 사업의 성공여부에 대해 고민할 것이다.

즉, 가정주부에서 직장인, 사업가 등 어느 누구 할 것 없이 금전(金錢)과의 관계에서 자유롭지 못하고 항상 고민과 갈등의 연속에서 살아가고 있다.

본 교재는 일상생활에서 기업활동까지 발생할 수 있는 각종 세금과 회계처리 방법을 제시하고자 고민하였다.

어느 특정분야에 국한되어 편집한 교재가 아닌 「**직장인부터 중소기업 사장, 가정의 주부까지 필독서**」로서 활용되어지기를 기대하면서 향후 개정판을 통하여 보다 유익한 회계와 세금의 안내서로서 거듭날 수 있도록 독자분들의 많은 조언을 기대해 본다.

2013년 3월

남천면 산전리 백조의 공간에서 저자

차 례

chart I 재무회계

chart 2 원가회계

chart 3 세무회계

chart 4 기업경영의 이해

chart 1

재무회계

제1장 회계실무

제1절 회계의 개요

1. 회계란 무엇인가?

많은 사람들이 회계(accounting)란 특정집단들만이 할 수 있는 특수업무라 생각하고 있다. 또한 그들만의 노하우를 가지고 고유영역을 구축한 것처럼 애당초 회계영역에 접근하기를 꺼려하고 있다는 사실에 매우 놀라움을 금치 않을 수 없다.

회계는 특정일부집단만이 취급하는 특수업무가 아니라 우리들의 일상생활에서 일어나는 각종의 다양한 이벤트가 바로 회계와 관련이 있다는 것이다. 따라서 우리는 무의식중에 회계를 접하고 회계를 활용하고 있는 것이다. 예를 들면 주부들이 가정에서 작성하는 가계부[1], 재래식 시장에서 배추장사, 과일장사, 옥수수장사를 하는 아주머니들이 야채나 과일을 공급받아 일반 소비자에게 제공하고 남는 이윤을 계산하는 행위[2], 학생들은 한달치 용돈을 받아 이를 유용하게 활용하여 최대한 여유자금을 남겨 다음 달로 이월시켜 저축하는 행위[3] 등과 같이 회계는 기업에서만 발생하는 것이 아니라 우리의 일상생활에서 빈번하게 발생하고 있고 또한 그것을 우리는 회계라는 처리형태를 무의식중에 활용하고 있는 것이다.

회계는 일상에서 일어나는 모든 재정적 사건에 대해 기록하고 정리하고 계산하여 이를 데이터화 하여 각종 의사결정권자들로 하여금 의사결정에 유익한 정보로 활용되어지도록 제공되는 중요한 정보라 할 수 있다. 다만 회계자료로서 활용되어지기 위해서는 화폐단위

---

1) 단기적으로는 1개월, 중·장기적으로는 1년, 3년, 5년 등의 가정의 재정을 효율적으로 운영하기 위한 지출의 안배, 비용의 배분 등의 회계전략을 주부들은 연구하고 있다.

2) 채소나 과일을 공급받아 소비자에게 제공하여 남는 이윤을 계산하는 원가회계의 전략을 노점상 상인들은 연구하고 있다.

3) 한정된 수입에서 지출을 최대한 억제하여 향후 구상하는 성과를 달성하기 위한 이월이익잉여금이란 회계제도를 활용하고 있다.

로 측정가능하고 표기 가능한 사건들만 기록되어야지 주관적인 판단이 가미된 유추해석에 의한 기록들은 회계자료로서의 가치를 인정받을 수 없다.

2. 회계의 목적

1) 기업회계의 목적

근본적으로 회계의 목적(object of accounting)은 기업의 이윤의 극대화이다. 즉, 기업의 이윤이 많을수록 그 기업에 투자한 투자자(주주), 종업원, 채권자, 거래처, 세금을 부과하는 정부 등 여러 이해관계자들에게 보다 높은 혜택을 부여할 수 있기 때문이다. 기업의 이윤과 가장 밀접한 관계가 있는 집단이 투자자(주주)라 할 수 있다. 기업의 이윤이 많고 적음에 따라 주주들에게 제공되는 배당금 또한 비례하기 때문이다. 이를 반영하듯 현대사회에서 회계의 목적, 기업의 목표(Goals of the Corporate Firm)는 주주 부의 극대화라는 표현을 공통적으로 사용하고 있다.

오늘날 기업은 매우 어려운 환경에 적응하기 위해 노력하고 있다. 사회에서 요구하는 욕구와 사회에 환원하여야 하는 책임이 막중하기 때문이다. 단순 기업의 목적, 기업의 목표를 달성하기 위해 기업의 사회적 책임(social responsibility)에 소홀히 한다면 그 기업은 생존할 수 없을 것이다. 기업의 사회적 책임이란, 종업원들에게 안정된 일자리창출, 기업운영으로 인해 발생하는 환경오염에 대한 대체시설 확충, 소비자들에게는 저가격 고품질(low price high quality)의 제품 제공 등에 대한 책임감을 가져야 한다.

2) 의사결정권자에게 유용한 정보로서의 목적

회계의 목적은 포괄적으로 사회적 책임에 근거한 회계의 목적이 있는 반면 세부적으로 접근하면 회계정보를 이용하여 각종 의사결정을 하는 집단에게 유용한 정보(useful information)로서의 목적이 달성되어야 한다.

의사결정집단이라함은 크게 두 부류로 구분할 수 있는데 첫째는 기업내부의 의사결정권자이다[4]. 기업 내부의 의사결정권자라 함은 최고경영자(Chief Executive Officer)를 칭함인데 최고경영자는 기업 내에서 제공하는 회계정보를 근거로 하여 기업의 중·장기 투자계획, 특정제품을 생산하는 라인의 신설, 폐지 등에 대한 의서결정을 한다. 둘째는 기업

4) 관리회계의 목적은 기업내부의 의사결정권자로 하여금 의사결정에 유용한 정보를 제공하기 위해 작성된다.

외부의 정보이용자들이다[5]. 기업 외부의 정보이용자라함은 매우 다양한 부류의 층이 형성되며 각각의 이해관계가 형성되기 때문에 기업에서 제공하는 회계정보자료는 매우 중요한 역할을 한다.

3) 회계정보의 질적특성

회계정보의 질적특성이란 제공되는 회계정보가 기업의 내부이든, 외부이든 이해관계자에게 유용한 정보로서의 가치를 지니는 최소한의 속성을 말한다.

회계정보의 질적특성으로는 목적적합성과 신뢰성이다.

(1) 목적적합성

목적적합성은 예측가치와 피드백가치를 가져야 목적적합성을 갖추었다고 할 수 있다.

① 예측가치 : 정보이용자가 기업의 미래에 대한 재무상태, 경영성과 등을 예측하는데 그 정보가 활용될 수 있는 능력을 말한다. 즉, 기간별 제공된 재무제표를 근거로 향후 기업의 투자 등 의사결정을 하는데 영향을 미치는 정도가 높아야 한다는 것이다.

② 피드백가치 : 정보이용자에게 제공되는 회계정보가 정보이용자들로 하여금 확신을 가지게 하거나 또는 수정을 할 수 있도록 의사결정에 영향을 미치는 정도가 높아야 한다는 것이다.

③ 적시성 : 제공되는 회계정보는 정보이용자가 의사결정을 하는데 반영될 수 있도록 적시에 제공되어야 회계정보로서의 가치가 있는 것이다.

(2) 신뢰성

의사결정권자에게 제공되는 회계정보는 목적에 적합하여야 함은 물론 그 제공되는 회계정보의 신뢰성이 있어야 한다. 신뢰성은 ① 표현에 충실하여야 하고 ② 객관적으로 검증이 가능하여야 하고 ③ 중립성이 유지되어야 한다.

---

5) 재무회계의 목적은 기업외부의 이해관계자들로 하여금 의사결정에 유용한 정보를 제공하기 위해 작성된다.

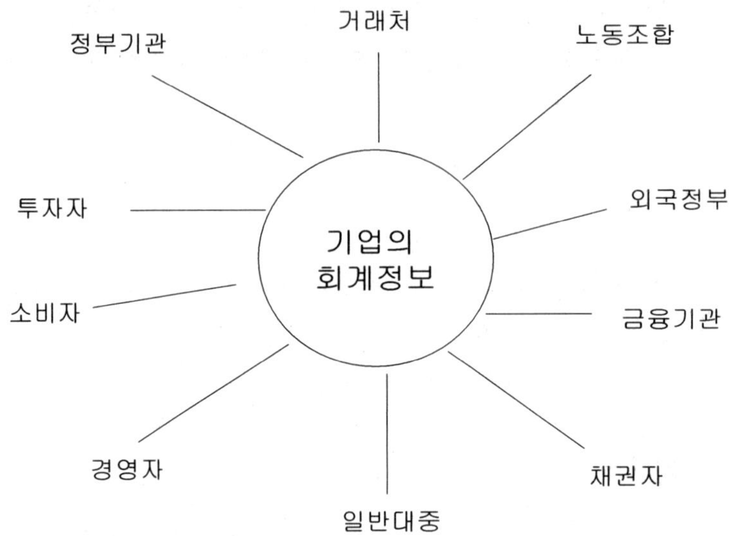

<그림 1-1> 기업 외부의 회계정보 이용자

4) 기업회계기준의 일반원칙

현행 기업회계기준 제3조에서는 회계목적을 달성하기 위해 회계의 일반원칙 7가지를 열거하고 있다.

① 신뢰성의 원칙

신뢰성(reliability)의 원칙은 회계처리 및 보고는 신뢰할 수 있는 객관적인 자료와 증거에 의하여 공정하게 처리하여야 한다는 것이다. 회계의 신뢰성을 확보하기 위해서는 기업의 내부통제제도와 회계통제제도가 잘 조직화되어 효율적으로 운용되어야 한다.

② 명료성의 원칙

명료성(disclosure)의 원칙은 재무제표의 양식과 과목 및 회계용어는 이해하기 쉽도록 간단·명료하게 표시하는 것이다.

③ 충분성의 원칙

충분성(sufficiency)의 원칙은 중요한 회계방침과 회계처리기준 그리고 과목과 금액 등에 관해서는 그 내용을 재무제표에 충분히 표시하는 것이다.

④ 계속성의 원칙

계속성(consistency)의 원칙은 회계처리에 관한 기준 및 추정은 기간별 비교가 가능하도록 매기 같은 방법으로 적용하고, 정당한 이유 없이 이를 변경해서는 안 되는 것이다.

⑤ 중요성의 원칙

중요성(materiality)의 원칙은 회계처리와 재무제표의 작성에 있어 과목과 금액은 그 중요성에 따라 실용적인 방법에 의해서 결정하는 것이다.

⑥ 안전성의 원칙

안전성(conservatism)의 원칙은 회계처리 과정에서 둘 이상의 선택가능한 방법이 있는 경우에는 재무적 기초를 견고히 하는 관점에 따라 처리하는 것이다.

⑦ 실질 존중의 원칙

실질존중(substance)의 원칙은 거래의 실질과 경제적 사실을 반영할 수 있도록 이루어져야 한다는 것이다.

3. 부기와 회계

부기(bookkeeping)란 단순 기장방법을 말한다. 즉, 거래가 발생하면 이를 분개(分介)하여 장부에 기록하는 것을 말한다. 반면 회계(accounting)란 부기보다 그 범위가 넓다고 하겠다. 회계란 의사결정권자에게 유용한 정보(useful information)를 제공하는 것이다. 따라서 부기는 회계의 일부분이다. 하지만 부기가 회계의 일부분이라 하여 그 존재의 의미를 축소하여서는 안된다. 회계정보를 생성하기 위해서는 발생된 거래를 기록·정리하는 단계가 필요하기 때문이다. 사건을 기록·정리하는 단계가 부기인 것이다. 따라서 부기는 회계정보를 생성하기 위해서 가장 중요한 부분이라 할 것이다.

4. 부기의 종류

부기는 사건을 기록 및 계산하는 방법에 따라 단식부기와 복식부기로 나눈다.

<표 1-1> 단식부기와 복식부기의 비교

구 분	처 리 형 태	비 고
단식부기	하나의 거래에 대한 한 가지만 기록하는 방법	가정의 가계부
복식부기	하나의 거래를 두 가지로 나누어 기록하는 방법	기업의 회계장부

제2절 재무제표

재무제표(Financial Statement)는 기업의 경영활동 전반에 관한 내용을 간결하게 요약 정리한 재무보고서이다. 재무제표 작성의 목적은 기업과 이와 관련된 이해관계자들이 기업의 재무제표를 이용하여 기업에 관한 의사결정을 하는데 유용한 정보로 활용되도록 작성되고 있다. 기업의 이해관계자들의 관계설정이 다양하기 때문에 이해관계자들이 필요로 하는 회계정보를 쉽게 접근할 수 있도록 재무제표를 몇 가지로 구분하여 작성하고 있다. 이해관계자들이 활용하는 대부분의 회계정보는 기업의 대차대조표와 손익계산서를 많이 활용하고 있다. 따라서 기업의 재무제표라 하면 대차대조표와 손익계산서를 연상하는데 이는 대표적으로 활용한다는 것이지 재무제표 전부를 대변하는 것은 아니다. 재무제표의 종류에는 대차대조표, 손익계산서, 현금흐름표, 자본변동표, 등이 있다. 구체적인 내용을 살펴보면 다음과 같다.

1. 대차대조표

대차대조표(balance sheet, B/S)은 일정시점에 있어서 기업의 재무상태[6]를 나타내기 위해 작성되는 재무제표이다. 기업은 회계연도말에 기업의 재무활동에 관한 보고를 대차대조표를 통하여 나타낸다. 이는 일정시점에 있어서 기업의 자산(asset), 부채(liabilities), 자본(capital, owners' equity)의 상태를 표시하고 있다.

1) 대차대조표 작성기준

기업회계기준에서는 대차대조표작성과 관련하여 이해관계자들로 하여금 혼돈을 방지하

6) 재무상태라 함은 자산, 부채, 자본의 상태를 의미한다. 즉 대차대조표에는 자산, 부채, 자본을 집합한다.

고 비교가능성을 높이기 위해 다음과 같은 일반원칙을 제시하고 있다.

① 구분표시

대차대조표를 작성함에 있어 먼저 자산, 부채, 자본으로 구분표시하며 자산은 다시 유동자산과 고정자산으로, 부채는 유동부채 및 고정부채, 자본은 자본금과 자본잉여금 및 이익잉여금, 자본조정으로 구분 표시하여야 한다.

② 총액표시

대차대조표에 기재되는 금액은 모두 총액을 표시하도록 되어있다. 즉, 상호상계(동일계정과목의 차변과 대변 상계처리)처리를 금하고 있다.

③ 유동성 배열

자산과 부채는 유동자산과 고정자산으로 구분하는데 그 기준은 1년을 기준으로 한다. 1년 이내에 현금화가 가능하거나 소모성이 있는 자산은 유동자산으로 구분하며, 대차대조표에의 배열 또한 유동성배열법으로 유동자산을 먼저 나열하고 그 다음 고정자산을 나열한다.

④ 잉여금 구분

잉여금은 자본잉여금과 이익잉여금으로 구분하는데 자본잉여금은 자본거래에서 발생하는 것이고 이익잉여금은 손익거래(영업)에서 발생하는 것으로 구분한다. 이는 자본조달의 원천과 잉여금처분의 내용을 명확히 구분하기 위함이다.

⑤ 미확인항목 제거

미결산항목(가지급금, 가수금 등)의 내용을 나타내는 적절한 과목으로 표시하고, 대조계정 등의 비망계정은 대차대조표의 자산 또는 부채항목으로 표시되지 않도록 사전에 미확인항목의 제거절차가 필요하다.

<표 1-2> 대차대조표 양식[7]

대 차 대 조 표

웅비경영아카데미(주) 20XX년 12월 31일 현재 (단위 : 원)

자 산	금 액	부채, 자본	금 액
현 금	×××		
당좌예금	×××		
매출채권	×××	단기차입금	×××
(대손충당금)	(×××)	매입 채 무	×××
상 품	×××	장기차입금	×××
재 공 품	×××	자 본 금	×××
건 물	×××	당기순이익	×××
(감가상각누계액)	(×××)		
합 계	×××	합 계	×××

<표 1-3> 대차대조표 양식[8]

대 차 대 조 표

웅비경영아카데미(주) 20XX년 12월 31일 현재 (단위 : 원)

자 산		부채, 자본	금 액
(유동자산)		(유동부채)	
현 금	×××	단기차입금	×××
당좌예금	×××	매입 채 무	×××
매출채권	×××	(고정부채)	
상 품	×××	장기차입금	×××
재 공 품	×××	부채총계	×××
(고정자산)		자 본 :	
건 물	×××	자 본 금	×××
토 지	×××	이익잉여금	×××
차량운반구	×××	자본총계	×××
자산총계	×××	부채와 자본총계	×××

7) 약식 대차대조표
8) 계정식 표준 대차대조표

2) 자산

자산(asset)이란 과거 거래나 사건의 결과로서 현재 기업이 보유하고 있는 미래에 경제적 효익을 창출할 것으로 기대되는 자원이다. 경제적 효익이란 직접 또는 간접적으로 기업실체의 미래 현금흐름창출에 기여하는 잠재력을 말한다.

> "자산이란 화폐로 표시된 미래의 용역 또는 화폐로 전환 가능한 미래의 용역으로서(계약하는 양 당사자가 비례적으로 수행되지 않는 용역은 제외된다), 어떤 사람 또는 일단의 사람에게 법적으로 또는 청구권으로 보장된 효익이다{An asset is any future service in money or any future service convertible into money(except those services arising from contracts the two sides of which are proportionately unperformed) the beneficial interest in which is legally or equitably secured to some person or set of persons}."
>
> -- 캐닝(Canning, 1929)[9] --

<표 1-4> 자산항목 체계

유 형	구 분	계 정 과 목
유동자산	당좌자산	현금 및 현금성자산, 당좌예금, 보통예금, 기타제예금, 정기예·적금, 기타 단기금융상품, 단기투자자산, 외상매출금, 받을어음, 단기대여금, 미수수익, 미수금, 선급금, 서급비용, 가지급금, 부가세대급금, 선납세금, 주.임.종 단기채권, 전도금, 선급공사비,
	재고자산	상품, 제품, 원재료, 부재료, 저장품, 미착품, 재공품, 저장품, 소모품
비유동자산 (고정자산)	투자자산	장기성예금, 특정현금과예금, 장기투자증권, 장기대여금, 장기외상매출금, 장기받을어음, 투자부동산, 임차보증금, 기타보증금, 부도어음과 수표, 전신전화가입권, 이연법인세차, 퇴직보험예치금, 국민연금전환금
	유형자산	토지, 건물, 구축물, 기계장치, 차량운반구, 공구와 기구, 비품
	무형자산	영업권, 산업재산권, 광업권, 창업비, 개발비

3) 부채

부채(liability)는 과거 거래나 사건의 결과로서 현재 기업실체가 부담하고 미래에 자원의 유출 또는 사용이 예상되는 의무이다. 의무(obligation)란 특정 방법으로 실행하거나 수행할 책무 또는 책임을 말하는 것으로 이에는 계약이나 관계법령에 의하여 법적 강제력이 있는 의무와 상관습이나 관행 또는 거래상대방과 원활한 관계를 유지하기 위하여 발생하

9) 자산의 개념을 회계학에서 처음으로 포괄적으로 정의한 학자

는 의무가 있다. 전자의 예로는 이미 제공된 재화와 용역에 대한 지급의무를 들 수 있으며, 후자의 예로는 하자보증기간이 경과한 후에 발생하는 제품하자에 대해서도 보증하기로 회사방침을 정한 경우 이미 판매된 제품에 대하여 하자보증기간이 경과한 후에 지출될 것으로 예상되는 금액 등을 들 수 있다. 최근의 공식견해로서 SFAC No.3(FASB, 1980)에서는 부채를 다음과 같이 정의하고 있다.

> "부채란 과거의 거래·사상의 결과로 미래에 다른 실체에게 자산을 이전하거나 용역을 제공하기 위하여 특정 실체에 현재의 의무로부터 발생하는 것으로서 기대되는 미래의 경제적 효익의 희생이다(Liabilities are probable future sacrifices of economic benefits arising from present obligations of a particular entity to transfer assets or provide services to other entities in the future as a result of past transactions or events)."

<표 1-5> 부채항목 체계

구 분	계 정 과 목
유동부채	외상매입금, 지급어음, 미지급금, 예수금, 부가세예수금, 당좌차월, 가수금, 예수보증금, 선수금, 단기차입금, 미지급세금, 미지급비용, 선수수익, 미지급배당금, 이연법인세대
비유동부채	사채, 장기차입금, 임대보증금, 퇴직급여충당금, 퇴직보험충당금, 장기미지급금, 주 임· 종단기차입금, 관계회사장기차입금, 외화장기차입금, 장기임대보증금, 장기성지급어음

4) 자본

자본(capital)은 기업실체의 자산에서 부채를 차감한 잔여금액 또는 순자산으로서 기업의 자산에 대한 잔여청구권이다. 자본은 순자산(net assets)이라고도 부른다. 즉, 자본은 자산에서 부채를 차감한 순자산으로서 기업실체의 자산에 대한 소유주의 잔여청구권으로 지분(equity), 소유주지분(owners' equity), 주주지분(stockholders' equity), 순재산(net worth) 등 다양하게 표현되고 있다. APB Statement No.4(AICPA, 1970)에서는 소유주지분을 다음과 같이 정의하고 있다.

<표 1-6> 자본항목 체계

유 형	구 분	계 정 과 목
자본금	자본금	설립자본금, 자본증자
	인출금	대표자 인출금
	자본 잉여금	주식발행초과금, 감자차익
	이익 잉여금	재평가적립금, 이익준비금, 기업합리화적립금, 재무구조개선적립금, 임의적립금, 사업확장적립금, 감채적립금, 배당평균적립금, 기타임의적립금, 회계변경의 누적효과, 전기오류수정이익, 전기오류수정손실
	자본조정	주식할인발행차금, 배당건설이자, 미교부주식배당금, 국고보조금

"소유주지분은 기업에 대한 소유주의 이해에 관련 것으로서, 기업의 자산이 부채를 초과한 부분이다.…(그러므로) 소유주지분은 자산과 부채의 차이 또는 경제적 자원과 경제적 의무의 차이인 잔여지분(residual interest)을 가리킨다. 그러므로 자산·부채·소유주지분 사이의 관계는 [자산-부채=소유주지분]의 공식으로 표시되며 소유주지분의 정의는 이 공식에 내표되어 있다."

반면, SFAC No.3(FASB, 1980)는 소유주지분을 지분이라고 부르고 다음과 같이 정의하고 있다.

"지분이란 기업실체의 자산으로부터 부채를 차감하여 남은 잔여지분이다. 기업에 있어서 지분이란 소유권의 이해에 관련된 것이다(Equity is the residual interest in the assets of an entity that remains after deducting its liabilities. In a business enterprise, the equity is the ownership interest)."

대차대조표 등식

자산 = 부채 + 자본

자본등식

자산 − 부채 = 자본

★ 자본금 산출 문제, 자산, 부채 산출문제 삽입

★ 자본의 종류 삽입

실전연습

웅비회계실무아카데미의 20XX년도 회계자료를 토대로 대차대조표를 작성하여 보자.

- 자료 -

현금예금: 300,000원 건물: 1,000,000원 유가증권: 500,000원 단기차입금 300,000원
외상매출금: 600,000원 자본금: 2,000,000원 상품매출이익: 800,000원 급여: 800,000원
미지급금: 300,000원 여비교통비: 200,000원 이자수익: 500,000원 상 품: 500,000원

2. 손익계산서

손익계산서(income statement)는 일정한 기간동안의 기업의 경영성적[10]을 나타내기 위해 작성하는 재무제표이다. 기업의 일정기간 동안 발생한 경영성과는 손익계산서에서 이익(profit)으로 요약되며, 이익은 수익과 이득의 총액에서 비용과 손실의 총액을 차감한 것으로 측정된다.

손 익 계 산 서[11]

20XX년 1월 1일부터

웅비경영아카데미(주) 20XX년 12월 31일까지 (단위 : 원)

비 용	금 액	수 익	금 액
급 료	×××		
이자비용	×××	상품매출이익	×××
지급수수료	×××	이자수입	×××
수선비	×××	수입수수료	×××
당기순이익	**×××**		
합 계	×××	합 계	×××

10) 경영성적이라 함은 수익과 비용의 결과를 의미한다. 즉, 손익계산서에는 수익과 비용을 집합한다.
11) 약식 손익계산서 양식

손 익 계 산 서[12)]

20XX년 1월 1일부터
웅비회계실무아카데미 20XX년 12월 31일까지 (단위 : 원)

과목	제 3(당)기	
Ⅰ. 매 출 액		5,000,000
Ⅱ. 매 출 원 가		
1. 기초상(제)품제고액	2,500,000	
2. 당기순매입액(제조원가)	1,000,000	
3. 기말상(제)품재고액	500,000	3,000,000
Ⅲ. 매출총이익		2,000,000
Ⅳ. 판매비와관리비		
1. 급 여	200,000	
2. 광고선전비	100,000	
3. 대손상각비	80,000	
4. 감가상각비	70,000	
5. 세금과공과	100,000	550,000
Ⅴ. 영업이익		1,450,000
Ⅵ. 영업외수익		
1. 이자수익	200,000	
2. 배당수익	150,000	
3. 보험차익	180,000	530,000
Ⅶ. 영업외비용		
1. 이자비용	100,000	
2. 재해손실	160,000	260,000
Ⅷ. 법인세비용차감전순이익		1,720,000
Ⅸ. 법인세비용		50,000
Ⅹ. 당기순이익		1,670,000

1) 수익

수익(revenue)이란 기업의 주요 경영활동인 재화의 생산·판매, 용역의 제공 등에 따른 경제적 효익의 유입 또는 부채의 감소를 말한다. 수익은 기업실체의 주요 경영활동의 결과로 발생하였거나 발생할 현금유입액과 기업의 주된 경영활동과 무관한 수익으로 측정된다.

12) 보고식 구분 손익계산서 양식

2) 비용

비용(expense)은 기업이 재화의 판매, 용역의 제공 등 영업활동을 수행함에 따른 경제적 효익의 유출로서, 이는 자산의 감소 또는 부채의 증가 및 그 결과에 따른 자본의 감소로 나타난다.

비용은 기업실체의 주요 경영활동의 결과로 발생하였거나 발생할 현금유출액으로 측정된다.

손익법

총수익 – 총비용 = 순이익(순손실)

<표 1-7> 손익계산서 계정과목 체계

구 분	계 정 과 목
매 출	상품매출, 제품매출, 매출환입 및 에누리, 매출할인
매출원가	상품매출원가, 제품매출원가
제조원가(공장)	원재료비, 부재료비, 임금, 퇴직급여, 복리후생비, 여비교통비, 접대비, 통신비, 가스수도료, 전력비. 세금과공과, 감가상각비, 지급임차료, 수선비, 보험료, 차량유지비, 운반비, 도서인쇄비, 포장비, 소모품비, 지급수수료, 보관료, 외주가공비, 잡비
판매비와 관리비(본사, 사무실)	급여, 퇴직급여, 복리후생비, 여비교통비, 접대비, 통신비, 수도광열비, 세금과공과, 감가상각비, 지급임차료, 수선비, 보험료, 차량유지비, 경상연구개발비, 운반비, 교육훈련비, 도서인쇄비, 사무용품비, 소모품비, 지급수수료, 광고선전비, 대손상각비, 기밀비, 무형고정자산상각, 견본비, 잡비
영업외수익	이자수익, 만기보유증권이자, 배당금수익, 수입임대료, 단기투자자산처분익, 대손충당금환입, 수입수수료, 외화환산이익, 유형자산처분이익, 투자자산처분이익, 잡이익
영업외비용	이자비용, 외환차손, 기부금, 외화환산손실, 매출채권처분손실, 단기투자자산처분손, 재고자산평가손실, 유형자산처분손실, 투자자산처분손실, 잡손실
특별이익	자산수증이익, 채무면제이익, 보험차익
특별손실	재해손실, 특별상각
법인세 등	법인세 등
소득세 등	소득세 등

실전연습

웅비회계실무아카데미의 20XX년도 회계자료를 토대로 손익계산서를 작성하여보자.

- 자료 -

현금예금: 300,000원 건물: 1,000,000원 유가증권: 500,000원 단기차입금 300,000원
외상매출금: 600,000원 자본금: 2,000,000원 상품매출이익: 800,000원 급여: 800,000원
미지급금: 300,000원 여비교통비: 200,000원 이자수익: 500,000원 상 품: 500,000원

<표 1-8> 용어 정의

구 분	정 의
대차대조표 (balance sheet)	일정한 시점에 있어서 기업의 재무상태(자산, 부채, 자본)를 나타내기 위해 작성하는 재무제표
손익계산서 (income statement)	일정한 기간동안의 기업의 경영성적(수익, 비용)을 나타내기 위해 작성하는 재무제표
자산(asset)	과거 거래나 사건의 결과로 현재 기업이 보유하고 있고 미래에 경제적 효익을 창출할 것으로 기대되는 자원
부채(liabilities)	과거 거래나 사건의 결과로서 현재 기업이 부담하고 미래에 자원의 유출 또는 사용이 예상되는 의무
자본(capital)	기업의 자산총액에서 부채총액을 차감한 잔액(net asset)
수익(revenue)	기업의 주요경영활동인 재화의 판매, 용역의 제공 등의 대가로 발생하는 자산의 유입 또는 부채의 감소
비용(expenses)	기업의 주요경영활동인 재화의 판매, 용역의 제공 등의 대가로 발생하는 자산의 유출, 부채의장가
순이익	수익에서 비용을 차감한 잔액

3. 현금흐름표

1) 현금흐름표의 의의

현금흐름(cash flow)이란 기업의 현금흐름을 나타내는 표로서 현금의 유입·유출 또는 증감을 흐름의 과정으로 파악하는 것을 의미한다.

여기서 말하는 현금흐름이라 함은 순수한 현금주의에 의한 현금흐름을 말한다. 즉, 손익계산서는 현금의 수·지출이 수반되지 않는 항목도 포함(대손상각비, 감가상각비, 평가손

익 등)되어있어 순수한 현금흐름에 대한 정보로서는 부족하다. 따라서 순수한 현금흐름을 파악하기 위해서는 현금주의에 의한 현금흐름표의 작성이 요구되는 것이다.

기업의 대차대조표는 특정 시점의 재무상태를 표시하는 보고서이고, 손익계산서는 일정기간 동안의 경영성과를 나타내는 보고서이다. 따라서 대차대조표에 표시되는 현금은 특정일 현재의 현금 잔액을 나타내는 것이므로 자본구조 등에 관한 정보를 제공하지만 어떤 과정을 통해 현재의 현금이 확보되었는지 알 수 없다.

손익계산서의 당기순이익은 일정기간 동안의 수익에서 비용을 차감한 것이므로 경영성과에 관한 정보는 제공하지만, 일정기간 동안 기업에 유입된 현금과 유출된 현금의 내역을 알 수는 없다. 즉, 당기순이익은 발생주의회계에 따라 측정되는 금액이기 때문에 당기순이익이 항상 현금흐름의 순유입액과 일치하지 않는다. 이러한 문제점을 해결하기 위해 현금흐름표를 작성한다.

현금흐름표(statement of cash flow: SCF)는 기업의 현금흐름에 관한 전반적인 정보를 상세하게 제공해줌으로써 손익계산서의 보조기능을 수행함과 동시에 기업의 자산·부채·자본의 변동을 가져오는 현금흐름에 관한 정보를 제공해 주기 때문에 대차대조표의 보조기능도 아울러 수행한다.

2003년부터 증권거래소 상장 및 코스닥 등록기업은 매 분기마다 대차대조표와 손익계산서 뿐만 아니라 현금흐름표를 발표해야 한다. 현재 상장기업들은 감사보고서를 통해 1년에 한 번만 현금흐름표를 제출하고 있다.

궁극적으로 현금흐름표는 대차대조표와 손익계산서 등의 계정과목 변동내용을 설명해주는 기본적인 재무제표라고 할 수 있다. 따라서 현금흐름표는 기업의 현금흐름을 나타내는 보고서로서, 일정기간 동안 현금의 유입과 유출내용을 적정하게 표시하기 위하여 작성되는 기본적인 재무제표 중의 하나이다. 따라서 재무제표 상호간의 관계를 나타내면 <그림 1-3>과 같다.

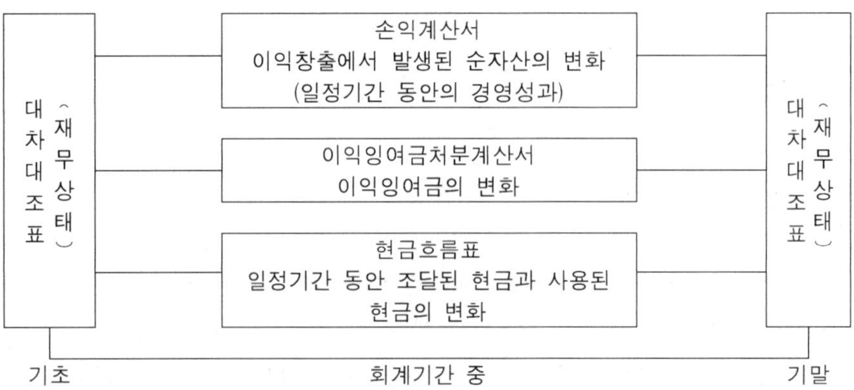

<그림 1-3> 재무제표의 상호관계

4. 자본변동표

자본변동표는 자본에 대한 종합 흐름을 나타내는 표로서 자본금, 자본잉여금, 자본조정, 기타포괄손익누계액, 이익잉여금의 각 항목별로 기초잔액, 변동사항, 기말잔액을 표시함으로서 회계기간 동안 발생한 소유주지분의 변동내역을 나타내주는 재무보고서이다.

자본변동표

C&S 경영컨설팅연구소　　2011년 1월 1일 ~ 2011년 12월 31일　　(단위 : 원)

구 분	자본금	자 본 잉여금	자본조정	기타포괄 손익누계액	이 익 잉여금	총 계
2011년 1월 1일	×××	×××	×××	×××	×××	×××
이익잉여금처분액					(×××)	(×××)
처분후이익잉여금					×××	×××
유상증자	×××	×××				×××
자기주식취득			×××			×××
매도가능증권평가차익				×××		×××
당기순이익					×××	×××
2011년 12월 31일	×××	×××	×××	×××	×××	×××

5. 부속명세서(이익잉여금처분계산서 / 결손금 처리계산서)

이익잉여금이란 과거에서부터 현재까지 기업이 영업활동으로 인해 발생한 잉여금으로서 기업내부에 남아있는 유보이익을 말하며 구성요건은 다음과 같다.

법정적립금 : 법에서 규정한 적립액으로서 이익준비금과 재무구조개선적립금을 말한다.

임의적립금 : 회사의 환경 및 형편에 따라 임의로 적립하는 것으로서 기업합리화적립금, 기업발전적립금, 기타적립금 등으로 구분한다.

미처분이익잉여금 : 이익잉여금 중에서 처분되지 않은 잉여금을 말한다.

이익잉여금의 처분	사외지출 처분 : 배당금, 상여금
	사내유보 처분 : 준비금, 적립금 등
	사내유보 : 미처분이익잉여금, 차기이월이익잉여금

1) 이익준비금

이익준비금은 상법 제458조에서 정한 법정적립금으로서 자본금의 1/2에 달할 때 까지 매 결산기의 금전에 의한 이익배당액의 1/10 이상의 금액을 준비금으로 적립하도록 규정하고 있다.

2) 재무구조개선적립금

상장법인재무관리규정 제7조에 따라 상장법인은 그 유형에 따라 재무구조개선적립금을 적립하여야 한다.

3) 임의적립금

정관의 규정 또는 주주총회의 결의에 의해 임의적립금을 적립할 수 있는데 종류에는 사업확장적립금, 감채적립금, 결손보전적립금, 배당평균적립금 등이 있다.

4) 전기오류수정손익

이는 전기에 발생한 사건으로서 전기의 재무제표에 대한 오류의 수정사항 중 손익항목에 해당하는 것을 말한다. 발생가능한 오류로서는 회계기준적용의 오류, 추정의 오류, 계정분류의 오류, 계산상의 오류, 사실의 누락 및 사실의 오용 등으로 구분할 수 있다.

이익잉여금처분계산서

제3기 2011년 1월 1일부터 2011년 12월 31일까지　　처분확정일 2012년 2월 25일
웅비경영아카데미(주)　　(단위 : 원)

과목	금액	
Ⅰ. 처분전이익잉여금		×××
1. 전기이월이익잉여금 (또는 전기이월결손금)	×××	
2. 당 기 순 이 익 (또는 당기순손실)	×××	×××
Ⅱ. 임의적립금등의 이입액		
1. 별도적립금	×××	
2. OOO 적립금	×××	
합　　계	×××	×××
Ⅲ. 이익잉여금처분액		
1. 이익준비금	×××	
2. 배　당　금	×××	
가. 현금배당		
보통주 배당		
우선주 배당		
나. 주식배당		
보통주 배당		
우선주 배당		
3. 사업확장적립금	×××	
4. 감 채 적 립 금	×××	
5. 배당평균적립금	×××	×××
Ⅳ. 차기이월이익잉여금		×××

제3절 거래와 회계등식

1. 회계거래의 개념

기업에서 거래라 함은 다양한 영업활동으로 인해 발생하는 각종 사건(event)들이 부기(bookkeeping)에 의한 기록·정리되어 재무제표에 영향을 미치고 나아가 이것이 회계

(accounting)자료로 생성되어 의사결정에 영향을 미치는 행위를 회계거래(accounting transactions)라 한다. 즉, 기업의 영업활동에서 발생한 사건으로서 이것이 기업의 자산, 부채, 자본의 증감변화에 영향을 미치는 행위는 거래가 성립되었다 할 수 있으며, 이러한 영향을 미치지 않는 사건은 거래로 인정하지 않고 있다. 이는 회계는 화폐가치로 측정가능하고 표기가능 하여야 하기 때문이다. 또한 거래라 함은 일상적으로 외부거래만 생각하고 있지만 내부거래도 빈번하게 발생한다. 예를 들면 기업내부에서 발생하는 거래로서 자산의 도난, 화재로 인한 손실, 기존 자산의 용도변경으로 활용 등이 그 예이며 이는 기업의 재무상태에 영향을 미치기 때문에 거래로 인식하여 회계처리를 하여야 한다.

2. 거래의 결합

기업에서 발생하는 계정과목을 구분하면 크게 5가지이다. 즉 자산, 부채, 자본, 수익, 비용으로 구분한다.

앞서 설명한 재무제표 중 자산, 부채, 자본은 대차대조표에 기록되고, 수익과 비용은 손익계산서에 기록된다. 거래의 결합관계는 아래의 거래의 8요소의 규칙에 의해 이루어진다.

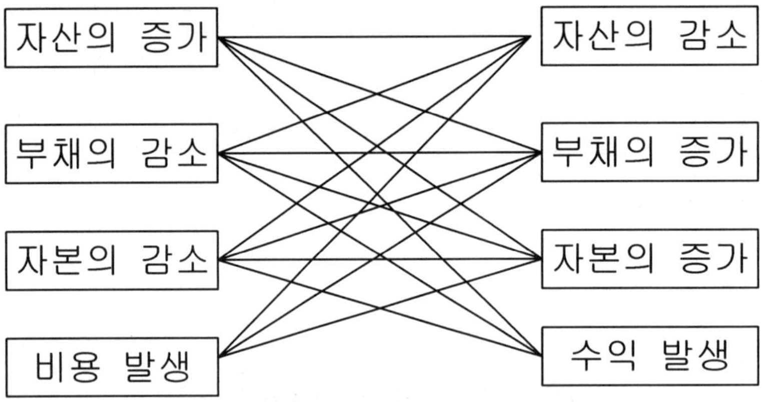

<그림 1-2> 거래의 8요소

3. 분 개

분개(journal entry)란 기업이 영업활동에서 발생한 거래를 차변과 대변으로 구분하여 표기하는 것을 분개라 한다. 여기서 차변과 대변의 정의는 하나의 약속이다. 왼쪽을 차변, 오른쪽을 대변으로 정의하여 사용하는 것이다.

회계학을 접근함에 있어 가장 근본이 되고 중요시 되는 것이 분개의 해결능력이라 할 수 있다. 오늘날 전산회계, ERP 등 프로그램을 활용한 도구들이 등장하여 사용자(user)들로 하여금 회계처리가 간편하고 단순화 되어있다고 할 수 있겠으나 근본적으로 분개처리를 정확히 하지 않으면 그로인해 생성되는 회계정보는 왜곡된 정보에 의해 생성되었기 때문에 유용한 정보(useful information)로서의 가치를 상실하게 된다. 또한 이러한 왜곡된 정보를 가지고 의사결정을 하였다면 그 기업의 장래는 누구나 예측이 가능할 것이다. 따라서 회계학을 연구하는 학도들이나 실무자들은 가장 많은 시간을 할애하여야 할 부분이 분개문제의 해결이다. 이를 극복하면 회계와의 친근감에 가속이 붙을 것이다.

실전연습

다음과 같이 웅비경영아카데미(주)의 20XX년도 영업활동으로 인해 발생한 거래에 대해 거래의 8요소에 입각하여 분개를 하여보자.

1월 2일 현금 5,000,000원, 건물 10,000,000원을 투자하여 영업을 개시하다.
1월 5일 제주상회로부터 상품을 50,000원에 매입하고 대금은 현금으로 지급하다.
2월 10일 종업원의 급료 100,000원을 수표발행하여 지급하다.
2월 15일 현금 200,000원을 대구은행에 당좌예입하다.
2월 25일 원가 70,000원의 상품을 100,000원에 매출하고 대금은 현금으로 받다.
4월 1일 현금 200,000원을 10개월 만기로 대여하다.
4월 20일 은행에서 현금 300,000원을 2년 상황조건으로 차입하다.
5월 3일 위 차입금 300,000원과 이자 50,000원을 현금으로 지급하다.
5월 19일 외상으로 매출한 대금 400,000원을 현금으로 받아 즉시 보통예금하다.
6월 10일 현금 100,000원을 은행에서 인출하다.
7월 11일 기계 1,000,000원을 구입하고 대금은 월말에 지급키로 하다.
8월 12일 상품 300,000원을 매입하고 대금 중 200,000원은 현금으로 지급하고 잔액은 외상으로 하다. 운반비용 50,000원은 현금으로 지급하다.
12월 11일 웅비회계실무아카데미학원에 직원 회계교육비 600,000원을 보통예금 계좌이체하다.

4. 대차평균의 원리

오늘날 기업회계는 복식부기(double-entry bookkeeping)에 의해 이루어진다. 복식부기란 하나의 거래가 2개의 장부에 기록하여 자산, 부채, 자본의 증감변화를 유기적으로 관리하는 제도를 말한다. 복식부기에 의한 모든 거래는 차변과 대변으로 구분되어 표기되는데 이는 반드시 차변합계와 대변합계가 일치하여야 한다. 이를 대차평균의 원리라 한다.

5. 전표와 전기

1) 전표

전표(slip)는 거래가 발생하면 먼저 분개를 하여야 한다. 분개가 끝나면 해당사항을 전표에 옮겨 적은 다음 이를 해당계정에 전기(轉記)한다. 전표는 다음과 같이 구분한다.

① 입금전표(入金傳票)

현금의 수입이 있는 거래, 즉 현금을 수취하는 거래를 기록한다. 입금전표는 적색으로 인쇄되어 사용되어지고 있다.[13)]

입 금 전 표

20XX년 월 일

사장	전무	부장	과장	대리	담당

과 목		항 목	
적 요		금 액	
합 계			

13) 현금이 입금된 경우만 사용하는 것으로서 상대계정(대변계정)만 기록한다. 당연히 입금전표는 차변이 현금이 된다.

② 출금전표(出金傳票)

현금의 지출이 있는 거래, 즉 현금을 지급하는 거래를 기록한다. 출금전표는 청색으로 인쇄되어 사용되어지고 있다.[14]

출 금 전 표

20XX년 월 일

사장	전무	부장	과장	대리	담당

과 목		항 목	
적 요		금 액	
합 계			

③ 대체전표

현금의 수입과 지출이 없는 거래에서 사용되며 청색 또는 흑색으로 인쇄되어 사용되어지고 있다.

대 체 전 표

20XX년 월 일

사장	전무	부장	과장	대리	담당

계정과목	차 변	적 요	계정과목	대 변

14) 현금이 출금된 경우만 사용하는 것으로서 상대계정(차변계정)만 기록한다. 당연히 출금전표는 대변이 현금이 된다.

2) 전기

전기(posting)란 거래를 근거로 분개를 한 다음 분개된 내용을 해당계정인 원장(ledger)에 옮겨 적는 것을 말한다. 여기서 원장이란 총계정원장을 의미하는데 총계정원장은 자산, 부채, 자본, 수익, 비용의 각 계정과목을 의미한다.

전기는 거래일자별로 분개를 근거로 해당원장에 증가 및 감소내역을 기록하는 것이다. 이는 해당계정별로 체계적으로 정리함으로서 해당계정의 잔액을 수시로 파악할 수 있는 장점을 지니고 있다.

※ 전기시 유의사항

분개를 가지고 해당계정에 전기를 할 때 학생들은 그 방법에서 혼란을 가져오고 이해를 하지 못하는 경우가 종종 발생한다. 다음과 같은 순서에 의해 전기를 한다면 한 번의 실습으로 그 과정은 완전히 소화할 수 있을 것이다[15].

① 같은 계정과목을 찾는다.

② 같은 변(차변, 대변)을 찾는다.

③ 계정과목은 상대계정과목을 기록한다.

④ 금액은 해당(자기)금액을 기록한다.

⑤ 상대계정과목이 2개 이상일 경우는 '제좌'라고 기록한다.

3) 일계표, 월계표, 시산표

일계표는 하루동안 발생한 거래를 각 계정과목별로 집계한 표이다. 월계표는 1개월 동안의 거래내용을 계정과목별로 집계한 표를 말하며, 주계표, 분기표 등 기업의 환경에 따라 작성기간은 달라질 수 있다.

시산표는 합계시산표, 잔액시산표, 합계잔액시산표 등으로 구분하는데 시산표의 작성목적은 거래를 해당계정에 적절하게 전기하였는지를 검증하는 단계로서 결산작업전에 이루어지는 선행단계이다. 시산표에는 자산, 부채, 자본, 수익, 비용의 모든 계정과목이 집계[16] 되며, 차변과 대변의 합계액은 항상 일치하여야 한다. 합계액의 불일치가 발생하였다는 것은 거래를 해당계정에 전기하는 과정에서 오류 또는 누락 등의 잘못 기재된 사항이 있다는 것을 의미한다.

---

15) 이는 저자가 다년간의 강의경험에서 얻은 기법이다.

16) 대차대조표에는 자산, 부채, 자본이 손익계산서에는 수익과 비용이 집계되지만 시산표에는 자산, 부채, 자본, 수익, 비용이 모두 집계된다.

6. 결산절차

1) 수정분개/결산분개

결산분개 또는 수정분개라 일컫는 것은 결산작업을 하기 전인 결산시점에서 반드시 행하여야 하는 분개로서 매출원가, 제조원가, 대손충당금 설정, 감가상각비, 퇴직급여충당금 설정 등에 대한 결산분개와 선급, 선수, 미지급, 미수분에 대한 수정분개를 말한다.

실전 예상문제

다음과 같은 내용들이 결산분개 및 수정분개 내용의 일부분들이다.

(1) 비품에 대한 감가상각비 50,000원을 계상하다.
(2) 외상매출금 1,000,000원에 대한 대손충당금을 1%설정하다.
(3) 12월분 종업원 급료 미지급분 800,000원을 계상하다.
(4) 12월분 임차료 미지급분 500,000원을 계상하다.
(5) 보험료 미경과분 200,000원을 계상하다.
(6) 이자 미회수분 50,000원을 계상하다.
(7) 수수료 선수분 30,000원을 계상하다.
(8) 퇴직급여충당금 100,000을 계상하다.

제4절 비유동자산의 감가상각

1. 유형자산의 감가상각

1) 감가상각의 개념

토지를 제외한 모든 유형자산은 시간이 흐름에 따라 그 가치가 점차 감소하게 된다. 즉, 사용으로 인한 마모와 진부화 등으로 인해 물리적 가치와 경제적 가치가 감소하게 된다. 따라서 당기에 가치가 감소되어 비용화된 부분과 가치가 남아 있어 미래에 경제적 효익을 제공할 수 있는 부분으로 구분하는 절차가 필요하다. 회계에서는 이러한 절차를 감가상각(depreciation)이라고 한다.

감가상각은 수익·비용 대응의 원칙에 따라 유형자산의 취득원가를 수익을 창출할 수 있는 기간에 걸쳐서 일부분씩 비용으로 전환하는 과정이라 할 수 있다. 즉, 감가상각 절차를 통해서 유형자산의 취득원가는 그 자산을 사용함으로써 효익을 얻는 기간에 걸쳐서 배분한다.

유형자산에 대한 감가상각을 기록하고 보고하는 것은 취득원가를 사용기간에 걸쳐 배분하는 것이 주목적이며, 자산의 가치를 재평가하기 위해 기록하는 것이 아니라는 사실에 주의하여야 한다. 감가상각의 3요소는 취득원가, 내용연수, 잔존가치 등이다.

① 취득원가

취득원가(acquisition cost)는 유형자산의 구입가격과 그에 따른 부대비용을 모두 합산한 금액을 말한다. 유형자산을 취득한 후에 발생한 자본적 지출도 회계처리 시점에서 해당 유형자산의 취득원가에 합산하여야 한다.

② 내용연수

내용연수(useful life)는 유형자산이 경제적으로 사용될 것으로 기대되는 기간으로서 유형자산의 수명을 말한다. 내용연수는 자산의 물리적 가치감소와 기능적 가치감소를 모두 고려하여 합리적인 기간을 산정해야 한다. 만일 중고자산을 취득한 경우의 내용연수는 기준내용연수에서 경과연수를 뺀 기간을 기준으로 한다. 이 기간이 2년 미만인 경우에는 2년으로 한다

③ 잔존가치

잔존가치(residual value)란 유형자산을 처분할 때 획득될 것으로 추정되는 금액에서 그 자산의 철거비 및 판매비용을 차감한 금액을 말한다. 잔존가치는 자산을 실제로 처분하기 전의 특정 시점에서 추정한 값이기 때문에 매우 주관적일 수 있다. 실무적으로 고정자산의 잔존가액은 세법의 규정을 따르고 있다. 세법상 유형자산과 무형자산은 모두 수명이 다하면 잔존가치는 없는 것으로 보고 있다. 다만 정률법으로 감가상각을 할 때에는 잔존가치를 취득원가의 5%로 한다.

2) 감가상각 방법

앞에서 설명한 취득원가·내용연수·잔존가치 등 감가상각 3요소에 의해서 감가상각비를 계산할 수 있다.

> 감가상각 대상금액(감가상각기준액) = 취득원가 − 잔존가치
> 미상각잔액(장부가액) = 취득원가 − 감가상각누계액
> 감가상각누계액 = 매 회계연도의 감가상각비 합계금액

감가상각비가 계산되었다면 이를 회계처리해야 한다. 기업회계기준에서는 감가상각비를 해당 자산별로 차감하여 기록하거나, 일괄하여 차감하는 방법으로 기재하도록 규정하고 있다. 매년 계상되는 감가상각비는 감가상각누계액으로 표시한다.

이렇게 하면 대차대조표에 유형자산의 취득원가와 대차대조표일 현재의 감가상각누계액 그리고 미상각잔액(장부가액)에 관한 금액이 표시된다. 이렇게 기록하는 이유는 유형자산은 그 금액이 크기 때문에 취득원가와 감가상각누계액을 대차대조표에 동시에 기록함으로써 재무제표의 이해가능성을 높일 수 있다.

감가상각 방법은 그 유형자산의 특징 등을 고려하여 합리적으로 선택해야 한다. 중요한 감가상각 방법은 다음과 같다.

① 정액법
② 가속상각법 : 정률법·이중체감법·연수합계법
③ 비례법 : 생산량비례법·작업시간비례법

(1) 정액법

정액법(straight-line method)은 자산의 가치감소는 시간의 경과에 비례하여 이루어진다고 보기 때문에 자산의 효용감소도 매년 균등하게 발생한다고 보는 것이다. 즉, 내용연수 동안 매년 일정한 금액을 감가상각비로 계상하는 방법이다.

$$감가상각비 = \frac{감가상각\ 대상금액(취득원가 - 잔존가치)}{추정내용년수}$$

이 방법은 절차가 간단하고 이해가 쉬운 장점이 있으나, 자산의 가치감소는 사용정도에 따라 발생한다는 점과 시간이 경과하면 가속적으로 감소한다는 사실을 적절히 반영하지 못한다는 비판을 받고 있다.

예제 정액법에 의한 감가상각 회계처리

2xx3년 1월 1일 현재 2xx1년 1월 1일에 구입한 차량에 관련된 자료는 다음과 같다.

- 차량의 취득원가	₩10,000,000	- 내용연수	5년
- 추정잔존가치	₩1,000,000	- 감가상각방법	정액법

감가상각비 계산 : $\frac{₩10,000,000 - ₩1,000,000}{5년}$ = ₩1,800,000

(1) 2xx1년 12월 31일 결산시
(차변) 감가상각비 1,800,000 (대변) (차량운반구)감가상각누계액 1,800,000

(2) 2xx2년 12월 31일 결산시
(차변) 감가상각비 1,800,000 (대변) (차량운반구)감가상각누계액 1,800,000

(2) 정률법

정률법(fixed-rate method)은 가속상각의 한 방법으로서 내용연수의 초기에는 많이 배분되고 시간이 경과할수록 점차 적게 배분하는 방법이다. 이 방법은 매 연도의 장부가액(미상각잔액)에 일정한 감가상각률을 곱하여 해당 연도의 감가상각비를 계산한다. 이렇게 하면, 각 연도의 장부가액은 점차 감소하게 되므로 일정한 상각률을 적용하더라도 감가상각비는 매년 감소하게 된다. 정률법에 사용될 상각률과 감가상각비는 다음과 같이 계산한다.

연도별 감가상각비 = 장부가액(미상각잔액) × 상각률

$$상각률(r) = 1 - \sqrt[N]{\frac{잔존가치}{취득원가}}$$ (단, N: 내용연수)

예제 정률법에 의한 감가상각 회계처리

(주)미조기업은 2xx1년 1월 1일에 기계를 ₩20,000,000에 구입하였다. 이 기계의 내용연수는 10년이며, 잔존가치는 ₩950,000이다. 각 감가상각방법에 의하여 2xx1년부터 2x10년까지의 감가상각비를 계산하라.

구분	취득원가	감가상각액누계액	장부가액	정률	감가상각비
2xx1	₩20,000,000	₩0	₩20,000,000	0.2627	₩5,254,000
2xx2	20,000,000	5,254,000	14,746,000	0.2627	3,873,774
2xx3	20,000,000	9,127,774	10,872,226	0.2627	2,856,134
2xx4	20,000,000	11,983,908	8,016,092	0.2627	2,105,827
2xx5	20,000,000	14,089,735	5,910,265	0.2627	1,552,627
2xx6	20,000,000	15,642,362	4,357,638	0.2627	1,144,751
2xx7	20,000,000	16,787,113	3,212,887	0.2627	844,025
2xx8	20,000,000	17,631,138	2,368,862	0.2627	622,300
2xx9	20,000,000	18,253,438	1,746,562	0.2627	458,822
2x10	20,000,000	18,712,260	1,287,740	0.2627	337,740

(3) 생산량비례법

생산량비례법(production or use method)은 자산의 가치감소가 시간의 경과에 따라 이루어진다고 보는 것이 아니라, 사용이나 생산량의 정도에 비례하여 발생한다고 보는 방법이다. 즉, 자산의 수명은 그 자산이 제공하는 총생산량 또는 총사용시간에 따라 결정된다고 가정한다. 예를 들어, 대형화물을 수송하는 특수차량은 단지 시간의 흐름에 따라 일정액을 감가상각 하는 것보다는 운행한 거리를 기준으로 감가상각하는 것이 타당한 방법이라고 할 수 있다.

$$\text{연도별감가상각비} = \frac{(\text{취득원가} - \text{잔존가치})}{\text{추정총생산량}} \times \text{실제생산량}$$

예제 생산량비례법에 의한 감가상각 회계처리

2xx1년 1월 1일 한국상사(주)는 구입한 기계 ₩30,000,000을 생산량비례법에 의하여 감가상각한다. 기계의 내용연수는 4년이며, 잔존가치는 ₩0이다. 기계사용시간이 2xx1년부터 20×4년까지 각각 180시간, 130시간, 200시간, 90시간일 때 각 연도의 감가상각비를 계산하라.

* 시간당 감가상각비 : $\frac{(₩30,000,000 - ₩0)}{(180 + 130 + 200 + 90)}$ = ₩50,000/시간

- 1차연도 감가상각액 : 180시간×₩50,000 = ₩9,000,000

- 2차연도 감가상각액 : 130시간×₩50,000 = ₩6,500,000
- 3차연도 감가상각액 : 200시간×₩50,000 = ₩10,000,000
- 4차연도 감가상각액 : 90시간×₩50,000 = ₩4,500,000

3) 감가상각방법의 변경

감가상각 방법은 원칙적으로 변경해서는 안 된다. 그러나 사용 중 새로운 정보가 추가적으로 입수되면, 적절한 회계방법으로 변경할 수 있다. 이러한 변경을 회계변경(accounting change)이라고 한다. 회계변경 중에서 감가상각 방법을 정액법에서 정률법으로 변경하는 것과 같은 것은 회계처리 기준의 변경(change in accounting principle)이라고 하고, 내용연수나 잔존가치와 같은 추정치의 변경을 회계추정의 변경(change in accounting estimate)이라고 한다.

회계변경을 하면, 취득시부터 변경시까지 적용한 방법으로 계산한 감가상각누계액과 동일기간에 새롭게 채택된 방법을 적용하여 계산된 감가상각누계액 사이에는 차이가 발생하는데, 이런 차이를 누적효과라고 한다. 누적효과(cumulative effect)는 새로운 방법을 처음부터 적용했다고 가정할 경우 계상되었을 금액과 종전 방법에 의하여 실제로 계상된 금액과의 차이를 말한다. 따라서 회계처리 방법을 변경하면 이 누적효과를 어떻게 인식해야 할 것인지의 문제가 대두된다. 이를 처리하는 방법에는 전진법(미래법)·소급법·당기일괄처리법이 있다.

예제 감가상각방법의 변경시 회계처리

2xx3년 1월 1일 현재 2xx1년 1월 1일에 구입한 차량에 관련된 자료는 다음과 같다.

- 차량의 취득원가	₩10,000,000	- 내용연수	5년
- 추정잔존가치	₩1,000,000	- 감가상각방법	정액법

(1) 2xx1년 12월 31일 결산시
(차변) 감가상각비 1,800,000 (대변) (차량운반구)감가상각누계액 1,800,000

(2) 2xx2년 12월 31일 결산시
(차변) 감가상각비 1,800,000 (대변) (차량운반구)감가상각누계액 1,800,000

(3) 2xx3년 1월 1일 추정내용연수를 6년으로 변경하였다면, 앞으로의 잔여추정내용연수는 4년이므로 12월 31일 결산시

(차변) 감가상각비 1,350,000* (대변) (차량운반구)감가상각누계액 1,350,000

* (₩10,000,000-₩3,600,000-₩1,000,000)÷4 = ₩1,350,000

(4) 2xx4년 1월 1일 추정잔존가치를 ₩500,000으로 변경하였다면 12월 31일 결산시

(차변) 감가상각비 1,365,000* (대변) (차량운반구)감가상각누계액 1,365,000

* (₩10,000,000-₩4,950,000-₩500,000)÷3 = ₩1,365,000

2. 무형자산의 감가상각

무형자산도 시간의 흐름이나 사용에 따라 가치가 감소하는데, 이 감소를 상각(amortization)이라고 한다. 무형자산은 경제적 효익의 크기와 그 지속기간이 불확실하기 때문에 가치감소를 측정하기 어려운 특징이 있다. 그러므로 무형자산의 경우에는 잔존가치는 존재하지 않거나, 있다하더라도 불확실한 것으로 보아 무시하는 것이 일반적이다.

상각방법은 정액법 또는 생산량비례법에 의하여 취득원가를 합리적인 기간동안 상각하며, 그 기간은 관계법령 등에서 정해진 경우를 제외하고는 20년을 초과하지 못한다. 내용연수는 법인세법에서 정하고 있으며, 그 기간은 <표 5-1>과 같다.

<표 5-1> 무형자산의 내용연수

구분	내용연수	무 형 고 정 자 산
1	5년	영업권, 의장권, 실용신안권, 상표권
2	10년	특허권, 어업권, 해저광물개발법에 의한 채취권(생산량비례법 선택적용), 유료도로관리권, 수리권, 전기가스공급시설이용권, 공업용수도시설이용권, 수도시설이용권, 열공급시설이용권, 광업권(생산량비례법 선택적용),
3	20년	전신전화전용시설이용권, 전용측선이용권, 하수종말처리장시설관리권, 수도시설관리권
4	50년	댐사용권

무형자산 상각액을 재무제표에 표시하기 위한 회계처리는 직접차감법과 충당금법의 방법이 있다. 직접차감법은 취득원가에서 해당 회계연도의 상각액을 직접 차감하여 그 잔액

만을 표시하는 방법으로 현재 우리나라 기업회계기준에서 채택하고 있는 방법이다. 충당금법은 무형자산원가에서 직접 차감하지 않고 무형자산상각충당금을 설정하여 이를 관련 자산에서 차감하여 표시하는 방법이다.

예제 무형자산의 회계처리

(주)대지상사는 특허권을 취득하기 위하여 현금 ₩60,000,000을 지급하다. 그리고, 법률비용 ₩1,000,000을 현금으로 지급하고 등기하다.

① 취득시의 분개

(차변) 특 허 권 61,000,000 (대변) 현 금 61,000,000

② 1차 회계연도 말의 회계처리

(차변) 특허권상각비 6,100,000 (대변) 특 허 권 6,100,000*

$$* \ ₩61{,}000{,}000 \times \frac{1년}{10년} = ₩6{,}100{,}000$$

1차연도 말의 부분대차대조표

차 변		대 변
특 허 권	54,900,000	

③ 2차 회계연도 말의 회계처리

(차변) 특허권상각비 6,100,000 (대변) 특 허 권 6,100,000

2차연도 말의 부분대차대조표

차 변		대 변
특 허 권	48,800,000	

제5절 주식발행

1. 자본과 주식회사

기업은 법인격의 유무에 따라 크게 개인기업과 법인기업으로 구분한다. 개인기업은 자연인이 독립적으로 출자한 형태의 회사로 법인격을 부여받지 못한 기업으로서 개인이 운영하는 회사와 조합 등이 있다. 법인기업은 기업 자체가 법인격을 부여받은 독립된 실체로서 법적 권한과 의무를 가진다. 법인기업의 종류에는 주식회사·합명회사·합자회사·유한회사 등이 있는데, 오늘날 대부분의 기업들은 주식회사 형태이다.

주식회사는 자본주의 경제체제 하에서 대표적인 기업형태로서, 주식을 발행하여 자금을 조달하는 형태의 회사이다. 특히 대규모의 자본을 용이하게 조달할 수 있는 기업형태이다. 주식회사는 다음과 같은 특징을 가지고 있다.

첫째, 주식회사는 법인격을 가지고 있다. 주식회사는 법에 의하여 인격을 부여받았기 때문에 경제적으로는 자연인과 같은 권리와 의무를 가진다. 그러므로 주식회사의 명의로 매매계약을 체결하고, 종업원을 채용하고, 납세의 의무 등을 이행한다. 그리고 주주의 변경에 관계없이 계속기업(going-concern)으로 존속할 수 있다. 개인기업의 경우에는 소유주의 변동이 기업의 존속에 직접적인 영향을 미치지만, 주식회사는 독립된 법인격을 부여받았기 때문에 주주들의 변동과는 관계없이 존속하게 된다. 주식회사의 법인격은 해산이나 청산이라는 법률적 절차에 의하여 소멸된다.

둘째, 주주는 출자액 범위 내에서 유한책임을 진다. 주식회사의 모든 경영활동과 부채는 회사라는 법률적 실체가 부담하므로 주주들은 출자한 범위 내에서만 책임을 진다. 그러므로 회사에 대한 채권자들은 주주 개인들에 대해서는 채권청구를 할 수 없다. 그러나 개인기업의 경우에는 소유주가 회사의 채권에 대하여 무한책임을 진다.

셋째, 자본이 주식으로 분산되어 있어 거래가 자유롭고, 대규모의 자금조달이 용이하다. 주식은 소액의 액면으로 분할되어 있기 때문에 투자자들은 쉽게 주식을 취득할 수 있고, 회사는 일반대중으로부터 널리 대규모 자금을 조달할 수 있다.

넷째, 소유와 경영의 분리로 전문경영이 가능하다. 오늘날의 기업환경과 규모는 과거와 달리 매우 복잡하고 다양하다. 특히 경영환경이 국제화되고 대규모화되는 현실에서 대주주의 독점경영으로는 효율적으로 적응할 수 없다. 그러므로 기업경영에 전문지식을 갖춘 전문경영자에 의한 대리경영이 요청된다. 전문경영이 도입되면 주주들은 주식회사의 지분을 소유함으로써 배당소득을 얻고, 주가가 상승하면 그 차익을 얻을 수 있다. 그리고 주주들은 경영성과를 평가하여 전문경영자들을 유임 또는 해임함으로써 소유와 경영의 분리를 실천할 수 있다.

1) 주식발행

(1) 회사설립시의 주식발행

상법 규정에 의하면 주식회사의 설립에는 1인 이상의 발기인이 있어야 한다. 여기서 발기인(subscriber or promoter)이란 주식회사의 설립행위자로서 정관에 발기인으로서 기명날인한 사람을 말한다. 발기인은 1주 이상의 주식을 인수하여야 하는데 발기인이 회사 설립시에 모든 주식을 인수하면 발기설립이라고 하고, 발기인이 일부를 인수하고 나머지는 일반투자자들로부터 모집하는 경우를 모집설립이라고 한다.

발기설립시에는 주식의 액면금액대로 발행하는 경우가 대부분이므로 액면총액을 자본금계정에 기록하면 된다. 모집설립의 경우에는 일반청약자들로부터 받은 청약금을 신주청약증거금이라는 부채로 계상하였다가 청약이 완료되어 주식을 배정받은 청약자가 주식을 인수하게 되면 자본금계정으로 대체시킨다. 그러나 모집설립의 경우에는 발행주식수보다 청약주식수가 더 많을 수 있다. 이런 경우에는 주식을 배정 받지 못한 신주청약증거금에 대해서는 즉시 반환하여야 한다.

회사설립과 관련하여 발생한 비용은 창업비로 계상한다. 창업비는 무형자산이므로 5년 이내에 매년 균등액을 상각하여 비용으로 처리하면 된다.

예제 회사설립시 주식발행의 회계처리

- 발기설립

1. (주)웅비경영아카데미는 수권주식수 100,000주(액면가액 @5,000) 중 설립시 발행할 주식 60,000주를 발기인들이 액면가액으로 인수하다.

   (차변) 미납입자본금 300,000,000 (대변) 자 본 금 300,000,000

2. (주)웅비경영아카데미는 발기인들로부터 위의 주식대금 전액을 현금으로 납입받다.

   (차변) 현 금 300,000,000 (대변) 미납입자본금 300,000,000

- 모집설립

1. (주)소라전자는 발행가능한 주식총수를 120,000주, 1주당 금액을 @5,000, 설립시에 발행할 주식수를 72,000주로 정하였다. 주식은 액면으로 발행하고 발기인의 인수분 24,000주는 현금으로 납입받다.

   (차변) 현 금 120,000,000 (대변) 자 본 금 120,000,000

2. 공모하기로 한 주식 48,000주에 대하여는 청약증거금으로 주당 @1,500을 현금으로 받다.

(차변) 현 금	72,000,000	(대변) 주식청약증거금	72,000,000

3. 위의 공모주식 48,000주가 납입완료되다.

(차변) 현 금	168,000,000	(대변) 자 본 금	240,000,000
주식청약증거금	72,000,000		

- 현물출자

(주)석현상사는 회사설립시 발기인으로부터 공정가액이 ₩150,000,000인 건물과 ₩110,000,000인 토지를 현물로 출자받고, ₩260,000,000의 주식을 교부받다.

(차변) 토 지	150,000,000	(대변) 자 본 금	260,000,000
건 물	110,000,000		

2) 회사설립 후의 주식발행

주식회사는 설립 후에도 신규사업의 투자나 기존사업의 확장 또는 부채의 상환에 필요한 자금을 조달하기 위해서 신주를 발행한다. 설립 후에는 수권주식수 범위 내에서 이사회의 결의로 미발행된 주식을 발행하여 자본금을 증가시킬 수 있다. 이러한 절차를 증자(increase in capital stock)라고 한다.

증자의 방법에는 신주의 발행을 통해 현금이나 기타 자산을 실질적으로 증가시키는 실질적 증자와 현금이나 자산을 증가시키지 않고 자본구성의 변화나 부채의 감소를 통해 자본을 증가시키는 형식적 증자가 있다.

(1) 실질적 증자

실질적 증자는 신주를 발행하여 현금이나 기타 자산을 증가시킴으로써 자본금도 증가되는 방법이다. 실질적 증자에는 현금으로 주식대금을 납입하고 신주를 배정 받는 유상증자와 토지나 건물 등의 자산을 출자하는 현물출자의 방법이 있다.

신주발행은 주식의 액면가액과 발행가액과의 관계에 따라 액면발행·할인발행·할증발행으로 구분된다. 신주를 발행하는데 소요되는 광고비·인쇄비 등은 창업비 계정으로 비용처리하면 된다.

① 액면발행

주식의 액면발행(issued at par)은 발행가액이 액면가액과 일치하는 것이다. 신주가 액면으로 발행된 경우에는 납입된 주금 전액을 자본금계정에 기록하면 된다.

② 할인발행

할인발행(issued at discount)은 신주의 발행가액이 액면가액보다 낮게 발행되는 경우이다. 신주를 액면가 이하로 발행하였다면 그 차액을 자본조정의 주식할인발행차금계정으로 처리하여야 한다.

③ 할증발행

할증발행(issued at premium)은 신주의 발행가액이 액면가액보다 높게 발행되는 경우이다. 신주를 액면가 이상으로 발행하였다면, 그 차액을 자본준비금의 주식발행초과금계정으로 처리하여야 한다. 그리고 할증발행의 경우 신주발행비는 액면을 초과하는 금액과 상계하여야 한다.

예제 회사설립 이후 주식발행의 회계처리

(주)오만기업은 액면가액 @5,000인 보통주 1,000주를 발행하여 현금으로 납입받다. 발행가액이 다음과 같을 때 회계처리하라.

(1) 발행가액이 주당 ₩5,000인 경우

(차변) 현 금	5,000,000	(대변) 자 본 금	5,000,000

(2) 발행가액이 주당 ₩7,000인 경우

(차변) 현 금	7,000,000	(대변) 자 본 금	5,000,000
		주식발행초과금	2,000,000

(3) 발행가액이 주당 ₩3,000인 경우

(차변) 현 금	3,000,000	(대변) 자 본 금	5,000,000
주식할인발행차금	2,000,000		

(2) 형식적 증자

형식적 증자는 주식을 발행하여 자본금은 증가되지만 순자산은 변동되지 않는 형태의 증자를 말한다. 즉, 주식은 발행하되 현금이나 현물 등의 자산이 기업으로 유입되지는 않고 자본계정의 구성을 변화시키거나 부채의 감소를 통하여 자본금계정을 증가시키는 방법이다. 예를 들면, 잉여금의 자본전입이나 주식배당 또는 전환사채의 전환 등이 있다.

① 준비금의 자본전입

잉여금의 자본전환은 자본잉여금이나 이익잉여금을 자본금으로 전환하는 것으로서, 이 때 발행하는 주식은 무상으로 주주들에게 교부해 준다. 이러한 의미에서 잉여금의 자본전환을 무상증자라고도 한다. 무상증자는 자본잉여금이나 이익잉여금계정을 자본금계정으로 대체하는 것에 불과하므로 자본구성 내용에 변동을 가져올 뿐이지 순자산이 증감하는 것은 아니다.

자본잉여금이나 이익잉여금 가운데 이익준비금과 같은 법정준비금은 자본금으로 전입이 가능하다. 준비금에서 자본전입이 이루어지는 것은 단지 준비금계정에서 자본금계정으로 대체되는 과정만 거칠 뿐이지 실물자본의 유입이 이루어지는 것은 아니다. 자본으로 전입되는 잉여금의 크기는 발행주식수에 1주당 액면가액을 곱하여 계산한다. 이 때 주식의 시장가격은 고려하지 않아도 된다. 이와 같이 발행되는 주식은 기존 주주들의 지분비율에 비례하여 분배하는 것이 원칙이다.

② 주식배당

주주총회의 결의에 의하여 현금배당 대신에 기존의 발행주식과 동일한 주식을 추가로 발행하여 지급하는 경우가 있다. 이를 주식배당(stock dividend)이라고 하는데, 주주의 지분비율에 비례하여 회사의 미발행주식을 발행하는 것이다.

주식배당은 경영활동의 결과로 발생한 이익금을 주주들에게 현금으로 배당하는 것이 아니라 신주를 발행하여 주식으로 배당하는 것이므로 결국 이익잉여금이 감소하면서 자본금이 증가하기 때문에 잉여금의 자본전입과 같은 결과가 발생한다.

주식배당을 실시하는 이유는 현금 등의 실물자산을 사외로 유출시키지 않고도 주주들의 배당요구를 들어 줄 수 있으며, 이익잉여금이 자본금으로 대체되어 법정자본화 되므로 현금배당 압력을 감소시킬 수 있을 뿐만 아니라 영구자본화 할 수 있기 때문이다.

주식배당을 하면 미처분이익잉여금이 자본금으로 대체되는 것이기 때문에 자본총액은 변화하지 않는다. 즉, 미처분이익잉여금계정의 이익잉여금이 감소하고 그 금액만큼 자본금계정이 증가하게 된다.

2. 자기주식의 취득

기업은 주가상승, 주당이익의 증대 등을 이유로 이미 발행되어 증권시장에서 유통되고 있는 자기회사의 주식을 재취득하는 경우가 있다. 이와 같이 자기회사가 발행한 주식을 그 회사가 구입하여 미소각 상태로 보유 중인 주식을 자기주식(自己株式, treasury stock)이라고 한다. 이러한 자기주식은 추후에 소각되거나 재발행되는데, 자기주식을 취득하는 목적은 다음과 같다.

① 회사가 여유자금을 가지고 있을 때 주가가 낮게 형성되어 있다면, 자기주식을 취득한 후 주식가격이 높을 때 매각하여 시세차익을 얻을 수 있다.
② 자기주식을 취득하면 사외에 유통 중인 보통주식수가 감소하므로 주당순이익을 높일 수 있다.
③ 적대적 관계에 있는 특정주주의 보유주식을 매수함으로써 경영권을 확보할 수 있다.
④ 자기주식에 대해서는 배당을 하지 않기 때문에 배당금을 감소시킬 수 있다.

위와 같은 목적으로 자기주식을 취득할 수 있지만 자기주식의 취득은 자본유지원칙에 위배되고 채권자의 권리를 해칠 염려와 주가조작 등의 우려가 있어 배당권리와 의결권 등의 기본적인 권한이 제한된다.

자기주식을 취득할 때는 취득원가로 기록하도록 규정하고 있다. 처분시에 처분가격이 취득원가보다 높으면 그 차이를 자기주식처분이익으로 기록하고, 낮으면 자기주식처분손실로 기록한다. 자기주식처분손실은 자기주식처분이익과 우선적으로 상계하여야 한다. 상계하고도 손실이 있으면 이익잉여금에서 감소시켜야 한다.

예제 자기주식 취득의 회계처리

1. 선진기업(주)은 자기회사 주식 1,000주(액면가액 @10,000)를 현금으로 취득하였다. 주식발행가액은 주당 @11,000이다.

(1) 주당 @9,000에 취득한 경우

(차변) 자 기 주 식 9,000,000 (대변) 현 금 9,000,000

(2) 주당 @10,500에 취득한 경우

(차변) 자 기 주 식 10,500,000 (대변) 현 금 10,500,000

(3) 주당 ₩12,000에 취득한 경우

(차변) 자 기 주 식 12,000,000 (대변) 현 금 12,000,000

* 위의 모든 경우 주식의 액면가액이나 발행가액은 고려하지 않는다.

2. 위의 자기주식을 한샘기업(주)은 다음과 같이 처분하였다. 단, 주당 @12,000에 취득한 경우만 고려한다.

(1) 주당 @9,000에 처분하였을 경우

(차변)		(대변)	
현 금	9,000,000	자 기 주 식	12,000,000
자기주식처분손실 (자본조정)	3,000,000		

(2) 주당 @13,000에 처분하였을 경우

(차변)		(대변)	
현 금	13,000,000	자 기 주 식	12,000,000
		자기주식처분이익	1,000,000

3. 자본잉여금

자본잉여금(capital surplus)은 자본거래로 인하여 발생한 잉여금을 총칭하는 것이다. 자본거래란 그 기업의 고유한 영업활동이 아닌 주식발행·자기주식의 매매·합병·주식의 소각과 같은 거래를 말한다. 자본거래의 결과로 자본금과 자본잉여금이 증감한다. 또한 자본거래는 기업의 재무상태에는 영향을 주지만 경영성과에는 영향을 미치지 못한다.

자본잉여금은 기업의 정상적인 영업활동의 결과로 발생한 이익이 아니기 때문에 배당의 대상이 아니다. 따라서 자본잉여금은 자본금 전입이나 결손보전을 위해서만 사용이 가능하다.

1) 주식발행초과금

주식의 발행가를 액면가 이상으로 발행할 때 그 초과분을 주식발행초과금이라고 한다.

주식을 액면가 이상으로 발행하는 것은 기존 주주들의 권익을 보호하기 위한 것이다. 즉, 시가가 액면가보다 높게 형성되어 있는 경우에 액면가로 발행하게 되면 새로운 주주는 주금을 적게 납부하면서 기존 주주와 동일한 혜택을 보게 되기 때문이다.

우리나라 상법은 주식의 발행가액과 관계없이 발행주식의 총액면가액을 법정자본금으로 하기 때문에 액면가액을 초과하는 주식의 발행가액은 법정자본금과 구분하여 자본준비금으로 처리하도록 규정하고 있다.

예제 주식발행초과금의 회계처리

보통주 1,500주를 주당 @8,000(액면가액 @5,000)에 발행하고 현금으로 납입받다.

(차변) 현 금	12,000,000	(대변) 자 본 금	7,500,000
		주식발행초과금	4,500,000

2) 감자차익

감자차익이란 주식회사의 자본을 감소시킨 때, 그 감소액이 주식의 소각 등에 필요한 금액보다 클 때 그 차액을 말한다. 기업의 규모를 축소하는 것은 경쟁력을 약화시킬 수 있기 때문에 특별한 경우를 제외하고는 엄격히 금지하고 있다. 그러나 감자가 부득이 하다면 주주총회에서 정관변경의 특별결의를 거쳐 감자를 할 수 있다. 자본금을 감소시키는 방법은 다음과 같다.

① 자기주식을 취득하여 소각하는 방법
② 발행주식의 액면가를 감소시키는 방법
③ 발행주식의 수를 일정한 비율로 감소시키는 방법

① 주금절삭

주금절삭은 결손금을 보전하기 위하여 발행주식수는 그대로 두고 발행된 주식의 액면가를 감소시키는 방법이다. 만일 결손금이 감자금액보다 적으면, 그 차액이 감자차익이다. 즉, 주주가 이미 납입한 자본금의 일부를 주주의 손실로 처리하여 삭제하고, 나머지 납입액을 자본금으로 하는 것이다.

② 주식병합

주식병합은 주식의 액면가는 그대로 두고 발행주식수를 일정한 비율로 감소시키는 방법이다. 만일 결손금이 감자금액보다 적으면, 그 차액이 감자차익이다. 즉, 여러 개의 주식을 합하여 그 보다 적은 수의 주식으로 바꾸는 것을 말한다.

예제 감자차익의 회계처리

1. 이월결손금 ₩12,000,000을 보전하기 위하여 주식 5,000주(액면가액 @5,000)에 대하여 그 주금의 2분의 1을 절사할 경우 회계처리하라.

(차변) 자 본 금	12,500,000	(대변) 이월결손금	12,000,000
		감자차익	500,000

2. 이월결손금 ₩20,000,000을 보전하기 위하여 주식 10,000주(액면가액 @5,000)에 대하여 2대 1의 비율로 주식을 병합할 경우 회계처리하라.

(차변) 자 본 금	25,000,000	(대변) 이월결손금	20,000,000
		감자차익	5,000,000

4. 이익잉여금

이익잉여금(retained earnings)은 기업의 정상적인 영업활동의 결과로 발생한 순이익 중에서 사외로 유출되지 않고 사내에 유보되어 있는 금액을 말한다. 그런 의미에서 이익잉여금을 유보이익이라고도 한다. 이익을 회사 내에 유보하는 이유는 사업확장이나 채무변제에 사용할 자금을 조달하기 위해서이다.

이익잉여금은 관련법에 따라 특정한 목적에만 사용할 수 있도록 유보시킨 것과 사용목적이 확정되지 않은 것으로 구분된다. 전자를 처분이익잉여금이라고 하고, 후자를 미처분이익잉여금이라고 한다. 그리고 이익잉여금은 법률의 규정에 따라서 반드시 적립해야하는 법정적립금과 회사가 임의로 설정할 수 있는 임의적립금으로 구분된다. 이익잉여금을 적립하는 것은 배당을 통한 자산의 사외유출을 막아 장래의 시설확장이나 결손보전 등에 사용하기 위한 것이다.

1) 이익준비금

이익준비금(revenue reserve)은 상법의 규정에 의하여 강제적으로 기업내부에 유보되는 법정적립금이다. 주식회사는 자본금의 1/2에 도달할 때까지 매 결산연도마다 현금배당액의 1/10이상의 금액을 적립하여야 한다.

이와 같이 법률적으로 강제 유보시키는 이유는 자금의 유출을 방지하여 자본구조를 건전하게 유지하고, 채권자를 보호하기 위해서이다. 이익준비금이 자본의 1/2에 도달한 때에는 더 이상 적립하지 않아도 된다. 그러나 회사의 자유의사에 의해 1/2이상을 적립한 경우에 그 초과적립액은 임의적립금으로 본다. 이 때 초과적립금은 법정적립금으로서의 이익준비금이 아니고 손실보전 등의 목적을 지닌 임의적립으로 볼 수 있다.

이익준비금은 제도의 취지 때문에 그 처분에 제한을 받게 되며, 상법상 그 처분이 인정되는 것은 결손보전이나 자본전입 이외의 목적으로는 사용할 수 없도록 규정하고 있다.

예제 이익준비금의 회계처리

개업 후 발생한 순이익 ₩8,000,000에 대하여 이익준비금 ₩500,000, 배당금 ₩5,000,000, 배당건설이자상각 ₩1,000,000, 이월이익잉여금 ₩1,500,000으로 처분하기로 이익잉여금처분계산서를 작성하다. 이를 회계처리하라.

(차변)	처분전이익잉여금	8,000,000	(대변) 이익준비금	500,000*
			미지급배당금	5,000,000**
			배당건설이자	1,000,000***
			차기이월이익잉여금	1,500,000

* 이익준비금은 당기배당액의 1/10이상이 되어야 한다. 여기서는 정확히 10분의 1이다. 그러나 자본금의 2분의 1에 달하면 더 이상 적립할 필요가 없으며, 초과하여 적립한 경우에는 이를 임의적립금으로 간주한다.

** 미지급배당금은 자본금의 10%에 해당한다.

*** 6%를 초과한 금액은 ₩2,000,000인데, 배당건설이자액이 ₩1,000,000 밖에 안되므로 ₩1,000,000을 상각 처리한다.

2) 기업합리화적립금

기업합리화적립금(reserve for business rationalization)은 상법 규정이 아닌 조세감면규제법에 의하여 중요산업·중소기업·수출 및 외화획득산업·방위산업 등이 법인세 감면이나 소득공제를 받은 경우에는 그 해당금액을 이익잉여금에서 유보시켜 적립한 금액을 말한다.

기업합리화적립금은 상환기간이 1년 6개월 이상인 사채나 외화차입금 또는 은행 차입금을 상환하는데 사용하거나, 고유목적에 직접 사용되는 기계나 공장의 매입 및 건설 이외의 용도에는 사용할 수 없다. 그 이유는 정부로부터 조세혜택을 받은 금액이 주주배당 등의 방법으로 사외로 유출되는 것을 방지하기 위한 것이다.

기업합리화적립금은 주주총회의 이익처분의 방법에 의하여 설정하며, 이월결손금의 보전과 자본전입이외의 목적으로는 처분할 수 없다.

3) 재무구조개선적립금

재무구조개선적립금(reserve for financial structure improvement)은 상장법인 재무관리규정에 의하여 상장법인이 자기자본비율의 30/100에 도달할 때까지 유보시켜 강제로 적립한 금액을 말한다. 재무구조개선적립금은 자기자본 비율을 높여 재무구조를 개선하기 위한 목적으로 적립하며, 이월결손금의 보전과 자본전입 이외에는 사용할 수 없다. 재무구조개선적립금의 설정 및 처분은 이사회 또는 주주총회의 결의에 따라 처리한다.

4) 임의적립금

임의적립금이란 법적 규정이 아니고 회사의 정관이나 주주총회의 결의에 따라 특정 목적을 위하여 기업내부에 적립한 이익잉여금을 말한다. 적립목적에 따라 적극적 적립금과 소극적 적립금으로 구분할 수 있다.

적극적 적립금은 기업의 자산을 증가시키거나 부채를 감소시킬 목적으로 적립한 것이다. 여기에는 사업확장적립금·신축적립금·감채적립금 등이 있다. 소극적 적립금은 장래의 배당지출이나 결손에 대비하여 배당을 제한한 유보이익으로서 결손보전적립금·배당평균적립금 등이 있다.

임의적립금은 회사의 임의사항이므로 적립목적에 따라 다양한 계정과목으로 설정할 수도 있다.

5) 차기이월이익잉여금

차기이월이익잉여금이란 유보이익 중에서 그 사용목적이 정해지지 않은 이익잉여금을 말한다. 당기의 미처분이익잉여금 중에서 이익준비금을 비롯한 법정적립금, 배당금, 임의적립금 등을 처분한 잔액을 말하며, 다음 회계연도로 이월되는 이익잉여금이다. 이것은 당해 연도의 대차대조표에 차기이월이익잉여금으로 보고된다.

예제 차기이월이익잉여금의 회계처리

(주)대구상사는 미처분이익잉여금은 ₩200,000,000인데, 다음과 같이 처분하기로 결의하다.

현금배당금	₩40,000,000	기업합리화적립금	₩20,000,000
이익준비금	4,000,000	재무구조개선적립금	10,000,000
임의적립금	30,000,000		

5. 자본조정

자본조정(capital adjustment)은 미실현 손익항목을 손익계산서에 반영하는 대신에 자본계정에서 가감하는 형식으로 표시되는 항목이다. 자본금·자본잉여금·이익잉여금 중 어느 한 항목으로 명확하게 구분하기 어려운 항목들을 자본조정계정으로 처리한다.

자본에서 차감하는 것에는 주식할인발행차금·배당건설이자·자기주식·투자주식평가손실·해외사업환산차 등이 있다. 자본에 가산되는 것에는 전환권대가·신주인수권대가·미교부주식배당금·투자주식평가이익·해외사업환산대 등이 있다.

1) 주식할인발행차금

주식할인발행차금은 주식을 발행할 때 주식 발행가액이 액면가액에 미달하는 경우 그 미달하는 금액을 말한다. 주식할인발행차금은 자본에서 차감하는 형식으로 표시한다. 상법에서는 주식할인발행차금을 주식발행 후 3년 이내의 매결산기에 균등액 이상을 상각하도록 규정하고 있으나(상법 제455조 제2항), 기업회계기준에서는 주식발행연도부터 또는 증자연도부터 3년 이내의 기간에 매기 균등액을 상각하도록 규정하고 있다.

예제 주식할인발행차금의 회계처리

(주)대구상사는 영업자금을 조달하기 위하여 ₩60,000,000(액면가액 @₩5,000)을 증자하기로 하였으나, 액면가액이 주식가격에 미달하는 1주당 ₩4,000에 발행하다.

2) 배당건설이자

철도·항만·전기·가스사업 등은 사업의 특성상 건설에 장기간이 소요된다. 이러한 사업은 영업을 시작하여 이익을 획득하기 전까지는 배당금을 지급할 수 없다. 공익상 필요한 사업임에도 불구하고 투자자들이 투자를 기피하는 경향이 나타날 수 있다.

따라서 우리나라 상법에서는 회사설립 후 2년 이상이 경과하여도 영업의 전부를 개시하기가 불가능하다고 인정되는 경우에는 정관의 규정과 법원의 인가를 얻어 개업전이라도 일정한 이자를 주주에게 배당할 수 있도록 규정하고 있다. 이를 배당건설이자(pre-operating dividends)라고 하며, 배당률은 연 5%를 초과하지 못한다.

예제 배당건설이자의 회계처리

일류기업(주)는 법원의 인가를 얻어 주주들에게 배당건설이자 ₩10,000,000을 현금으로 지급하다. 일류기업(주)의 자본금은 ₩50,000,000이다.

3) 투자유가증권평가손익

투자유가증권은 여유자금을 장기간 활용하기 위하여 또는 다른 회사의 경영에 직접 참가하기 위하여 취득하는 주식·사채·국채·공채 등을 말한다. 시장성 있는 투자주식은 종목별로 시가를 공정가액으로 보고 평가한다. 이 경우 그 투자주식의 장부가액과 공정가액 사이의 차액인 평가손익은 투자주식평가이익 또는 투자주식평가손실로 처리한다.

투자유가증권에서 발생하는 평가손익은 자본조정항목으로 처리한다. 이것은 투자유가증권의 보유목적이 단기간내에 현금화하는 것이 아니라 장기적인 투자목적이기 때문에 미실현손익으로 간주하여 자본조정에 계상하는 것이다.

투자주식을 종목별로 평가하는 경우에 발생하는 평가손익은 서로 상계하여 순액만을 투자주식평가손익으로 표시한다. 따라서 투자주식의 평가를 종목별로 하더라도 결과는 총계법과 같이 순액으로 자본조정계정에 표시된다. 그리고 자본조정계정에 계상된 투자주식평가이익 또는 투자주식평가손실은 차기 이후에 발생하는 투자주식평가손익과 상계하여 표시하여야 한다. 만일 해당 주식을 처분한 경우에는 투자주식손익에서 차감 또는 합산하여 회계처리를 하여야 한다. 따라서 투자주식처분손익을 계산하기 위해서는 종목별로 평가손익을 별도로 계산하여야 한다.

4) 주식매입선택권(스톡옵션)

주식매입선택권(stock option)은 회사가 임직원에게 일정량의 자기주식을 일정 기간내에 미리 정한 가격(행사가격, exercise price)으로 매수할 수 있는 권리를 부여하는 제도를 말한다. 회사설립이나 경영·기술혁신 등에 기여하였거나 기여할 능력을 갖춘 임직원을 대상으로 부여하며, 최대주주와 주요주주 및 그 특수관계인은 제외된다.

(1) 스톡옵션의 방법

스톡옵션을 부여하는 방법은 다음과 같다.

① 자기주식 방식

자기주식 방식은 자기회사의 주식을 취득한 후 이를 행사가격으로 교부하는 방법이다. 상법상으로는 스톡옵션을 위한 자기주식 취득이 불가능하지만 증권거래법에 의해 상장법인과 코스닥 등록법인은 스톡옵션 부여를 목적으로 자기주식 취득이 가능하다.

② 신주인수권 방식

신주인수권 방식은 행사가격으로 신주를 발행하여 교부하는 방식이다. 증권거래법에서는 정관의 규정과 주주총회의 특별결의로 가능하도록 되어 있다.

③ 차액보상 방식

차액보상 방식은 약정된 주식매수 시기에 주식을 실제로 매수하지 않고 주식매수선택권의 행사가격과 시가의 차액을 현금 또는 자기주식으로 교부하는 방식이다. 이 방식은 주식매입 대금이 필요하지 않고 대주주의 지분이 희석되지 않는 장점은 있으나 회사가 스톡옵션 행사시 차액에 대해 현금을 지불해야 하는 단점이 있다.

(2) 스톡옵션의 회계처리 방법

주식매입선택권에 대한 회계처리는 기업회계기준 등에 관한 해석에서 다음과 같이 규정하고 있다.

① 주식매입선택권을 임직원에게 부여하는 시점에서는 회계처리를 하지 않는다. 다만, 회사가 부여한 주식매입선택권으로 인하여 발행할 주식의 총수, 부여방법, 행사가격, 행사기간 등은 주석으로 공시한다.

② 권리 부여일로부터 권리행사 가능일까지 매 회계연도 말에는 시가와 행사가격과의 차액을 안분하여 비용으로 인식한다. 기업은 스톡옵션을 부여함으로써 주가상승 효과를 얻고, 임직원이 권리를 행사할 때에는 시가보다 낮은 가격으로 주식을 발행하기 때문에 기업은 시가와 행사가격의 차이만큼을 주식매입선택권 부여로 인한 비용으로 인식하는 것이 타당하다.

③ 권리행사 가능일로부터 권리행사일까지 매 회계연도 말에는 전기까지 비용으로 인식한 금액과 회계연도말 현재 시가와 행사가격과의 차액을 비교하여 추가로 비용을 인식하거나 비용에서 차감하며, 동 금액을 자본저정이나 부채로 계상한다.

④ 권리행사시에도 전기까지 비용으로 인식한 금액과 회계연도말 현재 시가와 행사가격과의 차액을 비교하여 추가로 비용으로 인식하거나 비용에서 차감하며, 시가와 행사가격간의 차이로 인해 자본조정 계정에 계상된 주식매입선택권은 신주발행시에는 주식발행초과금으로, 자기주식 교부시에는 자기주식처분손익으로 대체한다.

예제 주식매입선택권의 회계처리

(주)웅비상사는 2xx2년 1월 1일에 신주발행 형식으로 주식매입선택권 6,000개(개당 @₩5,000)를 종업원들에게 다음과 같은 조건으로 부여하였을 경우, 각각의 연도별로 회계처리하라.

(1) 기본조건 : 2xx4년 12월 31일까지 의무적으로 근무할 것.
(2) 행사가격 : ₩10,000
(3) 행사기간 : 2xx5년 1월 1일 ~ 2xx8년 12월 31일
(4) 종업원들은 2xx6년 12월 31일에 권리를 전량 행사하다.
(5) 매 회계연도말의 시가는 다음과 같다.
- 2xx2년 12월 31일 : ₩13,000
- 2xx3년 12월 31일 : 14,000
- 2xx4년 12월 31일 : 15,000
- 2xx5년 12월 31일 : 13,500
- 2xx6년 12월 31일 : 14,500

답

① 2xx2년 12월 31일

(차변) 급 여	6,000,000*	(대변) 주식매입선택권 (자본조정)	6,000,000

* 6,000개×(₩13,000-₩10,000)×1/3=₩6,000,000

② 2xx3년 12월 31일

(차변) 급 여	10,000,000	(대변) 주식매입선택권 (자본조정)	10,000,000*

* {6,000개×(₩14,000-₩10,000)×2/3} - ₩6,000,000=₩10,000,000

③ 2xx4년 12월 31일

(차변) 급 여 14,000,000 (대변) 주식매입선택권 14,000,000*
(자본조정)

* {6,000개×(₩15,000-₩10,000)×3/3} - (₩6,000,000 + ₩10,000,000) = ₩14,000,000

④ 2xx5년 12월 31일

(차변) 주식매입선택권 9,000,000* (대변) 급 여 9,000,000
(자본조정)

* 6,000개×(₩13,500-₩10,000) - (₩6,000,000 + ₩10,000,000 + ₩14,000,000)
= - ₩9,000,000

⑤ 2xx6년 12월 31일

(차변) 현 금 60,000,000[1)] (대변) 자 본 금 30,000,000[2)]
급 여 6,000,000[3)] 주식발행초과금 57,000,000[4)]
주식매입선택권 21,000,000[5)]
(자본조정)

1) 6,000개×₩10,000 = ₩60,000,000
2) 6,000개×₩ 5,000 = ₩30,000,000
3) 6,000개×(₩14,500-₩10,000) - (₩6,000,000 + ₩10,000,000 + ₩14,000,000 - ₩9,000,000) = ₩6,000,000
4) 6,000개×(₩14,500-₩5,000) = ₩57,000,000
5) ₩6,000,000 + ₩10,000,000 + ₩14,000,000 - ₩9,000,000 = ₩21,000,000

제6절 결산절차

1. 결산절차

1) 결산예비절차

결산이란 회계기말에 모든 장부를 정리하여 기업의 재무상태와 경영성과를 정확하게 파악하고 보고하는 것을 말한다.

결산예비절차는 결산을 앞두고 일련의 거래가 정확하게 해당계정에 기록되었는지, 아니면 누락, 오기, 중복 등의 기록은 없는지를 확인하는 절차이다. 결산을 하기 전단계로서 먼저 수정전 시산표의 작성이다. 시산표(trial balance)는 분개와 전기가 올바르게 이루어 졌는지를 검증하기 위하여 작성하는 각 계정의 집계표이다. 시산표에는 자산, 부채, 자본, 수익, 비용 등 모든 계정이 집합되어 합계 또는 잔액을 표시한다. 시산표의 작성은 월말, 분기말, 회계연도말 등으로 구분하여 작성할 수 있다. 시산표의 종류에는 합계시산표, 잔액시산표, 합계잔액시산표가 있다.

① 합계시산표

각 계정의 합계액을 차변과 대변에 기록한다.

② 잔액시산표

각 계정의 잔액을 계산하여 잔액이 발생한 변(차변 혹은 대변)에 기록한다.

③ 합계잔액시산표

합계시산표와 잔액시산표를 합한 것으로서 보통 합계잔액시산표를 작성한다.

합계잔액시산표

차 변		계정과목	대 변	
잔 액	합 계		합 계	잔 액
		현 금		
		매 출 채 권		
		상 품		
		비 품		
		매 입 채 무		
		단 기 차 입 금		
		자 본 금		
		상품매출이익		
		이 자 수 익		
		급 여		
		지 급 임 차 료		
		계		

2) 결산 본절차

시산표의 작성으로 인해 분개 및 전기의 오류사항을 확인한 다음 실질적인 결산을 위한 절차에 착수하여야 한다. 이를 결산 본절차라 한다.

(1) 결산수정분개

결산수정분개는 결산시점에서 다양한 사유로 인해 불가피하게 수정분개를 요하는 부분이 발생한다. 그 이유는 회계기간이 정해져 있기 때문에 회계기간 동안만 발생한 거래를 기록하여야 한다. 하지만 회계기간을 벗어난 선지급, 당해기간에 발생하였지만 미지급, 당해기간의 거래가 아닌 부분의 선수 또는 미수내역, 고정자산의 가치하락을 위한 조정사항, 매출채권에 대한 대손예상 등이 결산수정사항에 속한다.

chart 2

원가회계

제1장 원가계산의 개념

1. 원가회계의 의의

원가(cost)란 제품의 제조, 용역의 생산 및 판매를 위하여 소비된 유형 및 무형의 경제적 가치가 있는 재화의 소비액을 말한다. 즉, 경영목적을 달성하기 위한 경제적 가치의 희생 또는 포기를 의미하며, 원가회계(cost accounting)란 외부보고, 내부계획, 작업에 대한 통계 및 특수의사결정에 필요한 정보를 제공하기 위하여 생산과 영업활동에 관한 원가자료를 확인, 분류, 집계하는 회계를 말한다.

2. 원가회계의 목적

기업에서 주된 품목을 취급함에 있어 그 주된품목(상품, 제품, 반제품 등)의 가격형성이 얼마나 정확하게 결정되느냐가 기업의 이윤추구에 막대한 영향을 미치고 나아가 주주부의 극대화에 변수로 작용하기 때문이다. 즉, 제조업의 경우 제조과정에서 투입된 3대 구성원가(재료비, 노무비, 경비) 배분이 얼마나 정확한가에 따라 기업에서 요구하는 최종 기업이윤의 목적을 달성할 수 있다. 제조원가의 결정이 잘못되었다면 최종 목표인 기업이윤을 달성하는데 혼선을 초래하고 나아가 기업의 경영합리화에 영향을 미칠 것이다.

3. 원가를 구성하는 3대 요소

원가를 구성하는 3대 요소는 재료비, 노무비, 경비로 분류한다. 제조기업의 특정제품을 제조하는 과정에서 투입되는 원가요소는 재료비, 노무비, 경비로 구분 처리되기 때문이다.

1) 재료비(material cost)

제품 제조를 우한 재료의 소비액으로 그 추적 가능성에 따라 직접재료비(direct material cost)와 간접재료비(indirect material cost)로 구분된다. 직접재료비는 특정제품과 관련하여 직접적으로 추적하여 인식될 수 있으며, 제품생산과정에서 주요한 비중을 차지한다. 간접재료비는 특정제품과 관련하여 직접적으로 추적하여 인식될 수 없는 것으로 제품생산과정에서 재료소비액 중 직접재료비가 아닌 것이 여기에 해당된다.

2) 노무비(labor cost)

노무비는 제품의 생산과정에서 종업원의 육체적·정신적 노력에 대한 대가로서 지급된 비용이며 직접노무비(direct labor cost)와 간접노무비(indirect labor cost)로 구분된다. 직접노무비는 특정제품과 관련하여 직접적으로 추적하여 인식될 수 있으며, 노무비 중에서 중요한 비중을 차지하는데, 기계작업을 하는 공원에 대한 노동력의 대가 지급이 그 예가 된다. 간접노무비는 특정제품과 관련하여 직접적으로 추적하여 인식될 수 없는 것으로 제품생산과정에서 노무비소비액 중 직접노무비가 아닌 것은 모두 간접노무비에 해당되며, 공장장 및 공장기사의 급여가 여기에 해당된다.

3) 경비(other manufacturing cost)

재료비·노무비를 제외한 나머지 원가를 말하며 기타 원가(other cost)라고도 하며 감가상각비, 수선비, 보험료, 수도광열비 등이 이에 해당된다. 경비는 대체적으로 간접경비로 간주를 하여 배분하고 있다.

(1) 직접비(direct cost)

특정제품을 제조하는데 소비된 원가 중에서 직접비의 합계액을 말한다. 즉, 직접재료비와 직접노무비의 합계액이 직접비가 된다.

(2) 간접비(indirect cost)

특정제품을 제조하는데 소비된 원가 중에서 직접비에 해당되지 않는 원가의 합계액을 말한다. 즉, 간접재료비와 간접노무비 및 경비의 합계액을 말하며 이를 제조간접비라 칭한다.

(3) 고정비(fixed cost)

조업도의 수준과 관계없이 일정하게 발생하는 원가요소를 말하며 임차료, 재산세, 감가상각비 등이 이에 속한다. 고정비는 조업도가 증가하여도 그 총원가가 일정하므로 그 단위당 원가는 감소하게 된다.

(4) 변동비(variable cost)

조업도의 증감에 따라 원가총액이 비례적으로 증가 또는 감사하는 원가요소이며, 조업도가 0인 경우에 변동비는 전혀 발생하지 않으며, 직접재료비, 직접노무비, 포장재료비 등이 이에 속한다. 총원가는 조업도의 변동에 따라 비례하여 증가하지만 단위당 변동비는 조업도가 증감하여도 항상 일정하다.

4. 원가의 구성

원가의 구성은 〈그림 1-1〉과 같이 직접원가, 제조원가, 총원가, 판매가격으로 구성된다.

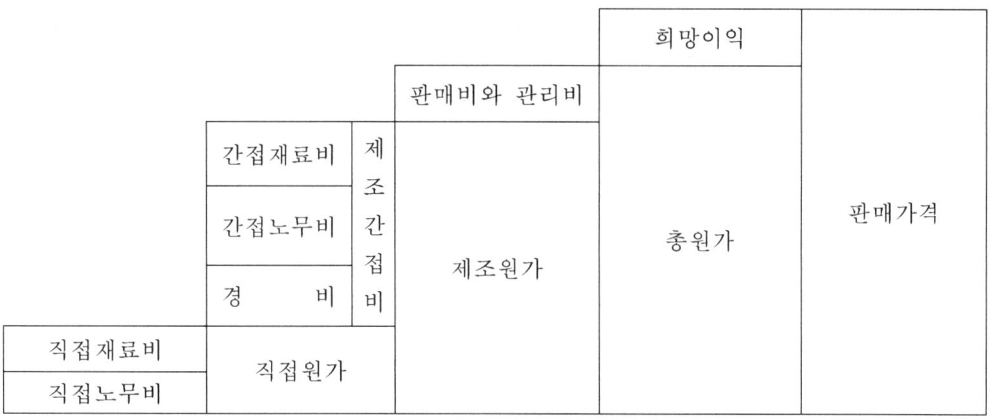

<그림 1-1> 원가의 구성

5. 원가의 흐름도

원가요소의 투입에서 당기총제조원가, 당기제품제조원가, 매출원가까지 원가계산의 흐름도를 그림으로 나타내면 다음과 같다.

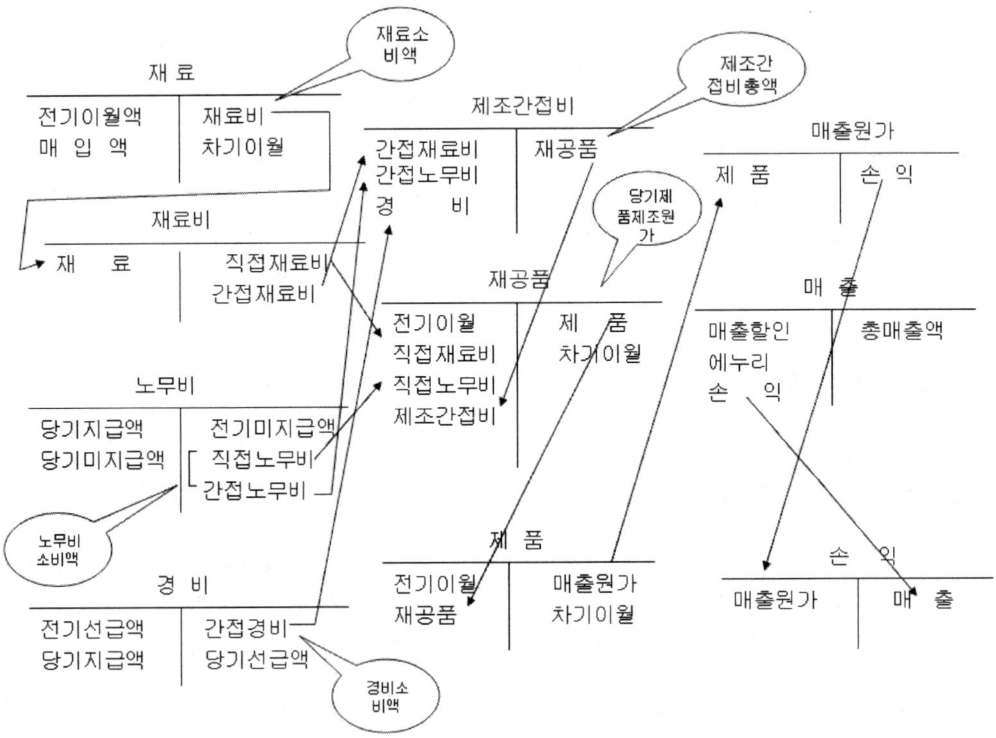

<그림 1-2> 원가의 흐름도

제2장 제조간접비의 배부

제조간접비(manufacturing overhead costs)는 원가를 구성하는 3대 요소 중에서 직접비를 제외한 간접비의 합계액을 말하는 것으로서 제조원가를 산정하는데 있어 가장 중요한 부분이다. 직접비는 해당 제품의 제조원가에 직접 반영하면 되지만 간접비는 여러 제품에 공통으로 배부되어야 하기 때문에 제품별 정확한 제조간접비 배부가 제품별 정확한 제조원가를 산정하는데 무엇보다 중요하다고 할 수 있다.

기업마다 다양한 제조간접비 배부방법을 시도하고 수정하여 왔으나 아직까지 만족할 만한 배부방법을 찾지 못하고 있다. 최근에 활동기준원가계산(activity based cost : ABC)이 최적의 배부방법에 접근하였다고 하여 기업마다 도입을 시도하고 있는 상황이다.

1. 제조부문과 보조부문

제조부문은 제품생산에 직접 참여하는 부서로서 주조부, 절단부, 조립부 등으로 구분할 수 있으며, 보조부문은 직접 제조부문에 참여는 하지 않지만 제조공정의 원활을 위해 보조적인 역할을 하는 부문이다. 동력부, 수선부, 공장사무부 등이 여기에 속한다.

2. 제조간접비 배부절차

제조과정에서 여러 제품에 공통으로 발생한 제조간접비를 각 제품별로 정확히 배부하기 위해서는 첫째, 부문개별비와 부문공통비로 구분되는데 부문공통비를 각 제조부문과 보조부문에 배부하여야 한다. 부문공통비의 배부방법은 해당 배부기준에 의해 이루어진다.

<표 2-1> 부문공통비 배부기준

부문공통비	배부기준
건물의 감가상각비, 보험료	각 부문이 차지하고 있는 건물의 점유면적
기계감가상각비	각 부문의 기계사용시간
전력비	각 부문의 전력사용시간
복리후생비	각 부문의 종업원수 또는 노무비
건물임차료	각 부문의 점유면적

둘째, 부문공통비가 배부되면 다음으로 보조부문에 해당되는 간접비를 제조부문에 배부하는 단계가 이루어져야 한다. 보조부문비의 배부방법으로는 직접배부법, 단계배부법, 상호배부법이 있다.

<표 2-2> 보조부문비 배부기준

보조부문비	배부기준
공장인사관리부문비	종업원 수
건물관리부문비	점유면적
식당부문비	종업원 수
검사부문비	검사수량, 검사시간
수선부문비	수선작업시간
동력부문비	전력소비량

1) 직접배부법

직접배부법(direct method)은 보조부문 상호간의 용역수수의 사실을 계산상 전혀 무시하고 보조부문은 제조부문에 대해서만 용역을 제공한 것으로 계산하는 방법으로 이 방법은 보조부문간의 용역수수가 존재하는 경우에는 정확한 원가산정이 이루어질 수 없으므로 제품원가나 가격결정이 왜곡될 수 있고 각 부문간의 상호통제가 불가능하다는 단점을 가지고 있는 반면 배부절차가 간편하다는 장점도 있다.

2) 단계배부법

단계배부법(step method)은 직접배부법이 보조부문 상호간의 용역수수를 전혀 인정하지 않는 것에 진일보하여 보조부문 상호간의 용역수수를 계산상 일부는 고려하고 일부는 무시하는 방법이다. 이는 보조부문 중에서 배부순서를 설정하는 것이 중요한 문제로 인식되고 있다. 단계식배부법은 보조부문간의 용역수수를 일부 인정한다는 점에서 직접배부법보다는 정확한 원가계산이 이루어질 수 있으나 배부순서를 결정하는데 객관적인 기준제시가 어려워 실무에서 많이 사용되지 않고 있다.

3) 상호배부법

상호배부법(reciprocal method)은 단계배부법이 보조부문간의 용역수수의 사실을 일부 인정한 것에서 진일보하여 보조부문간의 용역수수를 모두 인정하는 방법으로 보조부문간에 완전한 상호배부가 이루어지는 방법이다. 이는 보조부문비가 0이 될 때까지 상호배부를 계속하는 방법이다. 따라서 가장 정확한 계산이 행해진다는 장점이 있으나 계산이 복잡하고 시간이 많이 걸리는 단점이 있다.

4) 활동기준원가계산

오늘날 첨단기술의 발달로 인해 굴뚝산업이 쇠퇴하고 IT산업이 주를 이루고 있는 현상이다.

첨단기술의 발달로 컴퓨터를 이용한 프로세스의 사용이 늘어남에 따라 사람의 힘으로 하는 업무가 자연 줄어들게 된다. 이러한 변화는 제조기업의 원가계산에 있어 많은 변화를 가져왔다. 원가계산 중 제조간접비의 배부방법에서 기존의 전통적 배부방법은 직접노무비의 기준을 많이 사용하여 왔으나 공장자동화가 주를 이루고 있는 현 사회에서는 직접노무비가 차지하는 비중이 많지 않기 때문에 이를 제조간접비 배부기준으로 삼는것은 왜곡된 원가계산을 가져올 수 있다. 따라서 이러한 시대적 변화에 대처하고 원가계산의 모순점을 해소하기 위해 도입된 것이 바로 활동기준원가계산(activity based costing : ABC)이다.

활동기준원가계산의 특성은 각 활동유형별 일어난 제조간접비는 각 제품의 제조간접자원의 소모빈도를 기준으로 해당 개별제품단위에 배부하는 것이다.

<표 2-3> 유형별 활동원가 동인

활동유형	대표적 활동	활동원가동인
설비유지활동	- 공장경영 - 회계 및 인사 - 보험 및 세금 - 임대, 감가상각	- 점유면적 - 작업자 수
제품유지활동	- 제품 설계 - 부품관리 - 엔지니어링	- 제품 수 - 부품 수 - 설계변경횟수
배치관련활동	- 기계준비 - 첫 단위 품질검사 - 원재료 취급 - 생산스케줄	- 준비시간 - 검사시간 - 원재료 이동 수 - 생산착수횟수
단위관련활동	- 모든 제품 품질검사 - 직접작업자의 감독 - 동력 및 윤활유 소모	- 생산량 - 직접작업시간 - 기계작업시간

제3장 제조기업의 손익계산서와 제조원가명세서

1. 손익계산서

제조기업의 일반 도·소매기업, 서비스기업 등과 같이 재무제표 중 하나인 손익계산서의 양식은 비슷하다. 단, 제조기업은 제조과정에서 발생하는 제품관련 계정과목이 존재하기 때문에 일반 상거래기업보다 계정과목이 추가되는 것이 있다.

상기업 손익계산서			제조기업 손익계산서		
Ⅰ. 매출액		×××	Ⅰ. 매출액		×××
Ⅱ.매출원가		×××	Ⅱ.매출원가		×××
1. 기초상품재고액	×××		1. 기초제품재고액	×××	
2. 당기순매입액	×××		2. 당기제품제조원가	×××	
계	×××		계	×××	
3. 기말상품재고액	×××		3. 기말제품재고액	×××	
Ⅲ. 매출총이익		×××	Ⅲ. 매출총이익		×××
Ⅳ. 판매비와 관리비		×××	Ⅳ. 판매비와 관리비		×××
Ⅴ. 영업이익		×××	Ⅴ. 영업이익		×××
Ⅵ. 영업외수익		×××	Ⅵ. 영업외수익		×××
Ⅶ.영업외비용		×××	Ⅶ.영업외비용		×××
Ⅷ. 경상이익		×××	Ⅷ. 경상이익		×××
Ⅸ.특별이익		×××	Ⅸ.특별이익		×××
Ⅹ. 특별손실		×××	Ⅹ. 특별손실		×××
Ⅺ. 법인세차감전순이익		×××	Ⅺ. 법인세차감전순이익		×××
Ⅻ. 법인세 등		×××	Ⅻ. 법인세 등		×××
당기순이익		×××	당기순이익		×××

2. 제조원가명세서

제조기업에서 가장 중요하다고 할 수 있는 것이 제조원가의 계산이다. 어떠한 방법에 의해 제조원가를 산정하였든 산정과정을 표로 나타내는 제조원가명세서를 제시하여야 한다. 제조원가명세서 양식은 다음 〈표 3-1〉과 같다.

<표 3-1> 제조원가명세서

제조원가 명세서		
Ⅰ. 재　　료　　비		
1. 기초재료재고액	××××	
2. 당기재료매입액	××××	
계	××××	
3. 기말재료재고액	××××	××××
Ⅱ. 노　　무　　비		
1. 임　　금	××××	
2. 퇴직급여충당금전입액	××××	××××
Ⅲ. 경　　　　비		
1. 감가상각비	××××	
2. 건물보험료	××××	
3. 수도광열비	××××	××××
Ⅳ. 당기총제조원가		××××
Ⅴ. 기초재공품재고액		××××
Ⅵ. 기말재공품재고액		××××
Ⅶ. 당기제품제조원가		××××

제조원가 명세서		
Ⅰ. 직접재료비		
1. 기초재료재고액	××××	
2. 당기재료매입액	××××	
계	××××	
3. 기말재료재고액	××××	××××
Ⅱ. 직접노무비		××××
Ⅲ. 제조간접비		
1. 간접재료비	××××	
2. 간접노무비	××××	
3. 감가상각비	××××	
4. 건물보험료	××××	
5. 수도광열비	××××	××××
Ⅳ. 당기총제조원가		××××
Ⅴ. 기초재공품재고액		××××
Ⅵ. 기말재공품재고액		××××
Ⅶ. 당기제품제조원가		××××

chart 3

세무회계

제1장 세금과 사업의 시작

제1절 세금의 의의와 종류

1. 국세기본법의 목적

국세기본법은 국세에 관한 기본적인 사항 및 공통적인 사항과 위법·부당한 국세처분에 대한 불복절차를 규정함으로 국세에 관한 법률관계를 명확히 하고, 과세의 공정을 도모하며, 납세의무의 원활한 이행에 기여함을 목적으로 한다.

2. 용어의 정의

1) 가산세

가산세라 함은 세법에 규정하는 의무의 성실한 이행을 확보하기 위하여 그 세법에 의하여 산출한 세액에 가산하여 징수하는 금액을 말한다.

2) 가산금

가산금이라 함은 국세를 납부기한까지 납부하지 아니한 때에 국세징수법에 의하여 고지세액에 가산하여 징수하는 금액과 납부기한 경과 후 일정기한까지 납부하지 아니한 때에 그 금액에 다시 가산하여 징수하는 금액을 말한다.

가산세 및 가산금 모두 의무불이행에 대해 제재를 가함으로써 조세수입을 확보하기 위한 제도이다.

가산세는 그 본질이 조세과태료로서, 조세행정질서 위반에 대한 행정질서벌의 하나이며, 가산금은 그 본질이 조세채무법상의 법효과인 손해배상이자, 즉 연체이자의 성질을 의미한다.

3) 체납처분비

체납처분비란 국세징수법 중 체납처분에 관한 규정에 의한 재산의 압류·보관·운반과 공매에 소요된 비용을 말한다.

4) 공과금

공과금이란 국세징수법에 규정하고 있는 체납처분의 예에 의하여 징수할 수 있는 채권 중 국세·관세·임시수입부가세 및 지방세와이에 대한 가산금·체납처분비 이외의 것을 말한다.

5) 원천징수

원천징수란 세법에 의하여 원천징수의무자가 국세를 징수함을 말한다.

6) 납세의무자

납세의무자란 세법에 의하여 국세를 납부할 의무가 있는 자를 말한다. 즉, 납세의무자에는 본래의 납세의무자뿐만 아니라 연대납세의무자, 제2차 납세의무자, 보증인이 포함된다.

7) 납세자

납세자란 납세의무자와 세법에 의하여 국세를 징수하여 납부할 의무를 지는 자(원천징수의무자, 부가가치세법상 대리납부의무자)를 말한다.

8) 전자신고

전자신고란 과세표준신고서 등 신고관련서류를 국세청장이 정하여 고시하는 정보처리장치(전화통신장치 포함)에 의하여 신고하는 것을 말한다.

3. 기간과 기한

1) 기간

(1) 의의

기간이란 특정시점에서 다른 특정시점까지의 계속되는 시간의 길이를 말한다.

(2) 기간의 계산방법

국세기본법 또는 세법에 특별규정이 있는 것을 제외하고는 민법에 의한다(국기법 4).

구 분	내 용
기간의 기산일	〈원칙〉 기간의 계산에 있어서 기간을 일, 주, 월, 연으로 정한 때에는 초일을 산입하지 아니한다(초일불산입의 원칙). 〈예외〉 다음의 경우에는 초일을 산입한다. ① 기간이 오전 0시부터 시작되는 경우 ② 소득세법상 종합소득공제시 연령계산의 경우
기간의 만료일	① 개요 : 기간을 일, 주, 월, 연으로 정한 경우에는 당해 기간 말일의 종간이 만료한다. ② 기간계산방법 : 기간을 주, 월, 연으로 정한 경우에는 역에 의하여 계산한다. ③ 초일불산입시 기간의 만료일 : 기간을 주, 월, 연으로 정하고 초일불산입에 의하여 기간계산을 하는 경우에는 최후의 주, 월, 연에서 그 기간일의 전일로 기간이 만료한다. ④ 최종월에 해당일이 없는 경우: 월 또는 연으로 기간을 정한 경우로서 최종월에 해당일이 없는 때에는 그 월의 말일로 기간이 만료한다. ⑤ 기간의 말일이 공휴일인 경우 : 기간의 말일이 공휴일에 해당하는 때에는 그 공휴일의 다음날로 기간이 만료한다.

2) 기한

(1) 의의

기한이란 법률상의제권리를 행사하거나 의무를 이행하는 경우 당해 효력이 발생하기위하여 도래하는 일정 시점을 말한다. 국세기본법에서는 세법상의 기한을 적용하는데 있어서 각종 특례규정을 두고 있다.

(2) 공휴일 등에 대한 기한의 특례

① 기한이 공휴일에 해당하는 때

납세의무자의 신고·신청·청구·기타 서류의 제출·통지·납부·징수 등에 관한 기한이 공휴일에 해당하는 때에는 그 공휴일의 다음날을 기한으로 한다(국기법 5①).

② 납부기한이 근로자의 날에 해당하는 때

국세기본법 또는 세법에 의한 국세의 납부기한이 근로자의 날에 해당하는 때에는 그 다음 날을 기한으로 한다(국기법 5②).

③ 국세청장이 정하여 고시하는 정보처리장치가 전산장애로 가동이 정지된 경우

과세표준신고서 등의 신고기한일에 국세청장이 정하여 고시하는 정보처리장치가 법정사유 로 인한 장애로 가동이 정지되어 전자신고를 할 수 없게 되는 경우에는 그 장애가 복구된 날의 다음날을 기한으로 한다(국기법 5③).

(3) 우편 등에 의한 서류제출 시 기한의 적용특례

① 우편에 의한 서류제출 시

우편으로 과세표준신고·과세표준수정신고 시 관련서류를 제출하는 경우에는 우편법에 의한 통신일부인이 찍힌 날에 신고된 것으로 본다(발신주의).

② 전자신고 시

국세청장이 지정하는 정보처리장치에 기록된 때에 신고된 것으로 본다.

3) 기한의 연장

(1) 천재·지변 등으로 인한 기한의 연장

천재·지변 등 법정사유로 인하여 세법이 정하는 신고·신청·청구·기타 서류의 제출·통지·납부와 징수를 정해진 기한까지 할 수 없다고 인정되는 때에는 그 기한을 연장할 수 있다.

① 기한의 연장사유

구분	기한연장사유
모든 기한	① 천재·지변 ② 납세자가 화재·전화·기타 재해를 입거나 도난을 당한 때 ③ 납세자·그 동거가족이 질병으로 위중하거나 사망하여 상중인 때 ④ 권한 있는 기관에 장부·서류가 압수 또는 영치된 때 ⑤ 정전, 프로그램의 오류 기타 부득이한 사유로 한국은행(그 대리점 포함) 및 체신관서의 정보처리장치의 정상적인 가동이 불가능한 때 ⑥ ②~④에 준하는 사유가 있는 때
납부·징수기한	⑦ 납세자가 그 사업에 심한 손해를 입거나 사업이 중대한 위기에 처한 때

4. 세금의 정의 및 구분

세금이란 일정한 요건을 갖춘 기업이나 개인에게 부과하는 것으로 일종의 조세이다. 세금은 국가가 국민 개개인의 사유권을 인정하고 이러한 사유재산을 보호하는데 필요한 경비를 국가에서 부담하게 되는데, 이는 국민의 사유재산을 보호하는데 소요되는 경비를 국가가 대신 지급함으로써 징수되는 것을 세금이라 한다.

❖ 세금은 국가나 지방자치단체에서 부과한다.

세금은 국가나 지방자치단체에서 부과하는 것으로서 그 사용처에 따라 징수기관이 구분된다. 세금은 공과금과 구분이 되어야 하는데, 국가나 지방자치단체 이외의 공공단체에 납부하는 것은 공과금이다(각종 협회의 회비, 무역협회의 수출부담금 등).

❖ 공공경비의 조달목적이다.

앞에서 언급하였듯이 국가의 운영경비는 국민이 납부하는 세금으로 대부분을 충당하고 있다. 즉, 조세의존도가 상당히 높다고 하겠다. 따라서 국가전체의 운영경비 조달을 위해서 세금의 징수가 필요한 것이다.

❖ 세금은 과세요건이 충족되는 일반인에게 강제적으로 부과된다.

여기서 과세요건이라 함은 헌법 제59조 '조세의 종목과 세율은 법률로 정한다.' 헌법 제38조 '모든 국민은 법률이 정하는 바에 의해 납세의 의무를 진다'라고 되어있다. 즉, 무조건의 강제징수가 아닌 법률에 의해 정해지고 징수되어야 한다는 조세법률주의에 입각하여야 한다.

❖ 세금은 국가정책을 달성하기 위한 목적이다.

국가는 국민의 재산을 보호하고 복지사회 건설을 위해 많은 노력과 투자를 하게 된다. 국내산업의 보호 및 육성, 청소년보호, 소득재분배, 노인정책 등 주요정책을 효율적이고 효과적으로 수행하기 위한 수단으로 세금의 징수가 필요하다.

5. 세금의 분류

세금을 누가 징수하느냐에 따라 즉, 과세의 주체, 대상, 성격 등에 따라 국세와 지방세로 나누어진다.

국세는 중앙정부의 행정관서인 국세청(세무서)과 관세청(세관)에서 부과·징수하며, 국방·치안·교육 등과 같은 국민전체의 이익을 위해 사용된다.

지방세는 지방자치단체인 특별시와, 광역시, 각 시·군·구의 행정기관에서 자치단체의 이익과 발전을 위해서 사용된다.

- 국세: 소득세, 법인세, 상속세, 증여세, 부당이득세, 부가가치세, 특별소비세, 주세, 인지세, 증권거래세
- 관세: 관세(국경을 통과하여 수입되는 물품에 부과되는 세금)

6. 세금의 계산과 납부

❖ 세금의 계산

세금은 기본적으로 과세표준에 세율을 곱하여 계산한다.

과세표준	×	세율	=	세금

☞ 과세표준이란

세법에 의해 세금산출의 기초가 되는 과세물건의 수량 또는 금액을 말한다. 수량으로 표시되는 것을 종량세, 금액으로 표시되는 것을 종가세라고 한다.

☞ 세율이란

누진세율과 비례세율이 있다. 누진세율은 소득이 증가함에 따라 적용하는 세율이 증가하는 것을 의미하고(법인세, 소득세, 상속세, 증여세 등), 비례세율은 과세표준의 크기에 상관없이 항상 일정한 세율을 적용하는 것을 말한다.(부가가치세 등)

제2장 부가가치세

제1절 부가가치세법

1. 부가가치세의 의의

부가가치세(VAT: Value Added Tax)란 재화나 용역의 공급, 재화의 수입을 통해 발생한다.

부가가치세의 세율은 10% 단일세율이며, 우리나라는 1977년 7월 1일 도입되었다.

2. 부가가치세의 계산

부가가치세의 계산방법에는 가산법, 공제법(전단계거래공제법, 전단계세액공제법)이 있으며, 우리나라는 전단계세액공제법을 채택하고 있다.

매출액 × 세율(10%) = 매출세액(부가가치세 예수금)
매입액 × 세율(10%) = 매입세액(부가가치세 대급금)
매출세액 - 매입세액 = 납부세액

3. 납세의무자

납세의무자는 영리목적 유무에 관계없이 독립적으로 재화 또는 용역을 공급하는 자를 사업자로 규정하고 있으며 자연인인 개인, 법인(국가, 지방자치단체)과 법인격이 없는 사단, 재단, 기타 단체는 모두 이에 포함한다.

4. 신고 및 납부기한

신고 및 납부기한은 제 1기와 제 2기로 구분하며, 각각의 예정신고와 확정신고제도를 두고 있다.

1) 부가가치세의 계산구조

(1) 일반과세자

부가가치세에 대한 계산구조는 별지 제 12호 서식에 잘 나타나 있다. 12호 서식에 의한 일반과세자에 의한 계산구조는 다음과 같이 간단하게 표시할 수 있다.

(2) 간이과세자

년간 매출액이 4,800만원(공급대가 기준) 미만이 되는 영세사업자인 간이과세자는 업종별 부가가치율에 의하여 계산한다. 부가가치세법에 의한 간이과세자의 계산구조는 별지 제20호의 7 서식에 잘 나타나 있다. 20호의 7 서식에 의한 간이과세자의 기본적인 계산구조는 다음과 같이 간단하게 표시할 수 있다.

<간이과세자의 부가가치세 계산구조>

기본구조	비 고
① 매출세액	매출액×업종별부가가치율×세율
② 재고납부세액	
③ 매입세액	매입세액×업종별부가가치율
④ 경감・공제세액	신용카드 발행공제, 기타공제 등
⑤ 의제매입세액공제 등	
① ⑥ 예정고지세액	
⑦ 가산세액계	미납부 가산세 등
차가감 납부할 세액 (환급받을 세액)	(①+②-③-④-⑤-⑥+⑦)

※ 간이과세자는 환급세액이 발생하면 납부세액을 "0"으로 하여 환급하지 않는다.

제2절 부가가치세의 과세

1. 과세대상

부가가치세는 재화나 용역이 과세거래의 대상일 뿐이지 그 자체가 과세물건은 아니다. 따라서 부가가치세의 과세대상이 되려면 재화나 용역의 공급이 이루어지고 또한 재화의 수입 행위가 발생하여야 과세 대상이 되는 것이다.

부가가치세의 과세대상은 단순한 거래대상이 아닌 재화나 용역의 공급거래가 형성되고 재화의 수입행위가 이루어져야만 부가가치세의 과세대상이 된다.

부가가치세 과세대상 거래는.

- ◆ 재화 또는 용역의 공급
- ◆ 재화의 수입

2. 납세의무자

1) 의의

납세의무자(tax payer)란 조세법에 따라 국세를 납부할 의무가 있는 자를 말한다. 부가가치세의 납세의무자는 재화 또는 용역을 공급하는 자(사업자)이다.

부가가치세의 납세 의무자는 영리목적의 유무에 불구하고 사업상 독립적으로 재화 또는 용역을 공급하는 자이다. 이때 납세의무자는 개인 · 법인 · 법인격 없는 사단 · 재단 · 기타 단체를 포함한다.

2) 사업자

사업자라 함은 일정한 사업형태를 갖추고 계속적이고 반복적으로 동일한 업을 영위하는 행위자를 사업자라 하며, 관할세무서에 사업자 등록을 하고 영업을 행하는 것이 일반적이지만 사업자 등록을 하지 않고 계속적으로 영업을 하는 행위도 사업자로 본다.

3. 과세기간

1) 과세기간의 의의

과세기간이란 세법에 의해 국세의 과세표준을 계산하기 위한 기초가 되는 기간을 말한다. 부가가치세법상 과세기간은 부가가치세의 납세의무 성립시기의 판정과 과세표준 계산을 위하여 중요하다.

2) 과세기간

부가가치세는 1년을 크게 1기와 2기로 구분하여 과세하며 이를 다시 제1기 예정신고, 제1기 확정신고 및 제2기 예정신고, 제2기 확정신고로 구분하여 과세한다. 법인기업과 개인기업의 과세기간은 다음과 같이 구분하여 과세한다.

과세기간	과세대상기간		신고납부기간	신고대상자
제1기 1.1~6.30	예정신고	1.1~3.31	4.1~4.25	법인사업자
	확정신고	1.1~6.30	7.1~7.25	법인·개인사업자
제2기 7.1~12.31	예정신고	7.1~9.30	10.1~10.25	법인사업자
	확정신고	7.1~12.31	다음해 1.1~1.25	법인·개인사업자

※ 일반적인 경우 법인사업자는 1년에 4회, 개인사업자는 2회 신고

- 개인사업자 (일반과세자) 중 사업부진자, 조기 환급발생자는 예정신고와 예정 고지세액납부 중 하나를 선택하여 신고 또는 납부할 수 있다.

제3절 영세율제도

우리나라는 1977.7.1 부가가치세의 세율이 공급가액의 10%의 단일세율로 채택되어 현재까지 과세되고 있다. 하지만 특정거래에 대해서는 부가가치세의 세율을 0(zero)으로 하여 부가가치세를 부과하지 않는 제도가 있다. 이것이 바로 영세율 제도이다.

즉, 부가가치세 세율은 세액을 산출하기 위하여 과세표준에 곱하는 비율 또는 과세표준의 단위당 금액으로, 이러한 세율이 영(Zero)인 것을 말한다. 따라서 영세율이 적용되는 경우 당해 과세표준의 크기에 관계없이 산출한 세액은 항상 영이 된다. 현행 세법 중에서 영세율에 관한 규정을 두고 있는 것으로는 부가가치세법과 증권거래세법이 있다. 영세율이 적용되는 재화 또는 용역의 공급은 부가가치세가 완전히 면세된다. 증권거래세법상 탄력세제를 선택하여 대통령령이 정하는 바에 따라 영의 세율을 적용할 수 있음을 규정하고 있다.

영세율제도는 면세 기능을 한다는 점에서 면세제도와 같으나 매입세액공제가 허용되지 않아 불완전면세가 되는 면세제도와 구분된다. 영세율제도는 완벽한 비과세제도라 할 수 있다. 최종 단계에서 영세율 조치를 취하면 세부담액은 0이 된다. 그러나 중간 단계에 영세율이 적용되면 아무런 효과가 없게 된다. 일반적으로 이중과세를 방지하기 위해서 GATT의 소비지 과세원칙에 따라 수출재화에 영세율을 적용하고 있다.

우리나라를 비롯한 국가들은 대부분 수출품에 영세율을 적용한다. WTO규정에서 허용하고 있는 수출품에 대한 소비세환급은 바로 이 부가가치세에 대한 영세율을 적용하는 것이다. 반면에 수입품에 대해서는 수입가액 전체에 부가가치세를 부과하는 것이 보통이다. 부가가치세 영세율은 1977년 외화획득 장려차원에서 적용되었다고 이해하면 될 것이다. <출처 : 네이버 백과사전>

1. 수출의 일반적 개념

수출은 보통 상품수출 뿐만 아니라 용역수출도 포함된다. 국내상품 또는 용역을 해외에 수출함으로서 그 대가로 외화를 획득하게 되고 이는 국가의 부(富)의 척도로 작용한다. 따라서 국가마다 수입보다는 수출을 장려하여 외화획득에 주력하고 있다. 이러한 수출장려를 위해서는 외화획득에 기여하는 기업에게는 그에 상응하는 세제혜택을 부여하고 있다. 이것이 바로 영세율(zero ratio)의 적용이다.

1) 수출의 형태

수출이란 국내의 물품이나 용역을 관련법(관세법, 대외무역법)에 의해 외국으로 반출하는 것으로서 수출에 해당하는 것으로는 매매, 교환, 임대차 등이 해당된다.

(1) 직수출

직수출이라 함은 국내의 제조업체가 무역중계업자를 거치지 아니하고 직접 외국의 기업으로 물품을 반출하는 것을 말한다.

(2) 대행수출

대행수출이라 함은 국내의 제조기업이 외국의 기업에게 직접 물품을 반출하지 아니하고 국내의 무역업 등록을 한 사업자를 통하여 물품을 반출하는 것을 말한다. 이는 영세기업이나 무역업 등록을 하지 않는 기업이 채택하는 방식이다.

3) 영세율 적용

영세율이 적용되는 재화 또는 용역의 공급은 부가가체세법 제11조의 의해 다음과 같다.

① 수출하는 재화
② 국외에서 제공하는 용역
③ 선박 또는 항공기의 외국항행용역

2. 부가가치세율

우리나라의 부가가치세율은 단일세율을 채택하고 있다. 다만 수출하는 재화 또는 용역에 대해서는 영세율(zero ratio)을 적용하고 있다.

부가가치세 세율

구 분	과세표준 (업종구분)	세 율	업 종 별 부가가치율
일반과세자	모든 업종	10%	–
간이과세자	소매업	10%	15%
	제조업, 전기、가스、증기 및 수도사업, 재생용재료수집 및 판매업	10%	20%
	농업、임업 및 어업, 건설업, 부동산임대업, 기타서비스업, 음식, 숙박업	10%	30%
	운수 및 통신업	10%	40%

제4절 세금계산서

1. 세금계산서의 기초

세금계산서는 재화 또는 용역을 공급하는 사업자가 이를 공급받는 자에게 교부하는 증빙서류의 하나이다. 세금계산서의 상호 교부는 거래의 투명성, 근거과세의 원칙 등을 통한 성실납세의무를 유도하여 공평과세를 실현하는 데 그 목적을 두고 있다. 세금계산서의 교부로 인하여 발행자는 매출증빙으로 활용되며, 매입자는 매입세액 공제 증빙으로 활용되어진다.

1) 세금계산서의 종류

세금계산서는 발행대상자에 따라 여러 가지로 구분할 수 있으며, 그 종류와 내용은 다음과 같다.

(1) 세금계산서

일반과세사업자가 재화나 용역의 공급으로 인하여 발행하는 증빙서류이다.

(2) 수입세금계산서

재화를 외국으로부터 수입하는 자에게 발행하는 것으로서 세관장이 발행한다.

(3) 계산서

면세사업자가 재화나 용역을 공급할 때 발행하는 증빙서류이다.

(4) 영수증

연간 공급대가가 4,800만원 미만인 사업자인 간이과세사업자가 발행하는 증빙서류이다.

2) 세금계산서의 기재사항

세금계산서는 향후 세금의 과세근거가 되므로 법률에 의해 일정한 양식에 의한 일정한 기재사항을 준수하도록 되어있다.

(1) 필요적 기재사항

세금계산서, 계산서 등에 필요적 기재사항 중 일부가 누락되거나 허위로 기재되었을 경우 세금계산서로서의 기능을 상실한다.

① 공급하는 사업자의 등록번호와 성명 또는 명칭
② 공급받는 자의 등록번호
③ 작성연월일
④ 공급가액과 부가가치세액

(2) 임의적 기재사항

임의적 기재사항은 세금계산서의 작성내용중 일부가 누락되어도 세금계산서로서의 기능이 인정되는 것으로서 다음과 같다.

① 공급하는 자의 주소
② 공급받는 자의 상호·성명·주소
③ 공급하는 자와 공급받는 자의 업태와 종목
④ 공급품목
⑤ 단가와 수량
⑥ 공급연월일
⑦ 거래의 종류

3) 세금계산서의 작성

(1) 세금계산서 양식

① 공급자 보관용

[별지 제11호 서식] (96.3.30. 개정) (적색)

세금계산서(공급자보관용)

책 번 호 권 호

일 련 번 호 -

공급자					공급받는자				
	등록번호	- -				등록번호			
	상호(법인명)		성명(대표자)			상호(법인명)		성명(대표자)	
	사업장 주소					사업장 주소			
	업태		종목			업태		종목	

작성			공급가액												세액										비고
연	월	일	공란수	백	십	억	천	백	십	만	천	백	십	일	십	억	천	백	십	만	천	백	십	일	

월	일	품목	규격	수량	단가	공급가액	세액	비고

합계금액	현금	수표	어음	외상미수금	이 금액을 영수/청구 함

② 공급받는자 보관용

(청색)

세금계산서(공급받는 자 보관용)

책 번 호 권 호

일 련 번 호 -

공급자					공급받는자				
	등록번호	- -				등록번호			
	상호 (법인명)		성명(대표자)			상 호(법인명)		성명(대표자)	
	사업장 주소					사업장 주소			
	업태		종목			업태		종목	

작성			공급가액												세액										비고
연	월	일	공란수	백	십	억	천	백	십	만	천	백	십	일	십	억	천	백	십	만	천	백	십	일	

월	일	품목	규격	수량	단가	공급가액	세액	비고

합계금액	현금	수표	어음	외상미수금	이 금액을 영수/청구 함

2. 세금계산서의 교부의무

1) 세금계산서 교부 의무자

일반과세사업자가 재화 또는 용역을 공급하는 경우에는 그 공급시기에 재화나 용역을 공급받는 자에게 세금계산서를 하여야 한다(부법 제 16조 1항). 재화나 용역을 공급받는 자가 사업자가 아닌 개인일 경우에는 공급받는자의 주소, 성명, 주민등록번호를 기재하여 발급하여야 한다. 즉, 세금계산서 또는 계산서, 영수증은 재화나 용역의 공급자가 발행한다.

2) 세금계산서 교부시기

일반과세사업자가 세금계산서를 교부하는 시기는 재화나 용역의 공급시기에 교부하여야 한다.(부가가치세법 제 9조) 다만, 거래 당사자의 상호 약정에 의해 월합계세금계산서를 발행하는 경우에는 공급일이 속하는 달의 다음달 10일까지 세금계산서를 교부할 수 있다(부령 제 54조).

3) 매입자발행 세금계산서

세금계산서는 재화나 용역의 공급자가 공급받는자에게 발행하는 것이 원칙이나 다음과 같이 공급자가 세금계산서의 발행을 거부할 경우에는 공급받는자 즉, 매입자가 세금계산서를 발행할 수 있다.

◉ 매입자발행세금계산서

세금계산서는 물건이나 서비스를 공급하는 공급자가 발행하는 것이 원칙이다. 하지만 공급자가 고의로 자신의 매출을 누락시켜 세금을 적게 낼 의도로 세금계산서 발행을 거부하는 경우가 있다. 이는 공급자는 매출을 누락시켜 세금을 적게 내는 부당행위와 더불어 매입자는 세금계산서를 공급받지 못하는 관계로 매입세액을 공제받지 못하는 불이익이 발생한다.

따라서 정부에서는 이러한 병폐를 방지하기 위해 2007년 7월 1일부터 매입자발행세금계산서 제도를 도입 및 시행하게 되었다. 매입자는 세금계산서 교부의무자로부터 물건을 샀는데 공급자가 세금계산서를 발행하여 주지 않으면 매입자 자신이 세금계산서를 발행할 수 있는 제도이다.

매입자가 세금계산서를 발행하기 위해서는 영수증, 송금확인서 등의 거래사실을 확인할 수 있는 증빙을 거래일로부터 15일 이내에 서면이나 인터넷으로 국세청에 제출하면 된다.

매입자가 세금계산서를 발행하기 위하여 세무서장에게 거래사실 확인을 신청하는 경우에는 다음과 같은 제한이 있다.

- 거래건당 공급대가가 10만원 이상 500만원 이하이어야 한다.
- 거래사실의 확인은 월별로 2건의 거래에 대하여만 가능하며, 2건을 초과한 거래에 대하여는 그 거래사실의 확인이 거부된다.

4) 세금계산서 교부방법

세금계산서는 법인사업자, 개인사업자 구분 없이 모두 전자세금계산서 발행제도를 이행하도록 하고 있다.(개인사업자는 2012년도부터 직전년도 공급가액이 10억원 이상인 사업자만 해당, 10억원 미만 사업자 : 전자세금계산서 및 종이세금계산서 병행 가능)

5) 계산서

부가가치세가 면제되는 생필품취급업, 의료, 교육, 문화 등을 주된사업으로 영위하는 사업자는 재화나 용역의 공급시기에 세금계산서 대신 부가가치세가 면제되는 계산서를 교부하여야 한다.

(1) 계산서 교부자

부가가치세가 면제되는 면사사업자가 재화나 용역을 공급하였을 경우에는 그 공급시기에 계산서를 작성하여 공급받는자에게 교부하여야 한다. 단, 면제사업자가 계산서 대신 세금계산서를 교부하였을 경우에는 이를 계산서의 교부로 본다.(법법 제121조, 소법 제163조).

(2) 계산서 교부시기

① 일반적 교부시기
계산서의 교부시기는 세금계산서의 교부시기와 같이 재화나 용역의 공급시기에 교부하여야 한다.

② 월합계계산서의 교부시기
공급대상 재화나 용역의 거래가 빈번한 경우에는 공급자와 공급받는자 상호 약정에 의하여 월합계액을 계산하여 세금계산서를 발행할 수 있다. 이 경우 발행시기는 1역월의 공급가액을 합계하여 당해 월일 말일자로 월합계세금계산서를 발행하여도 무방하다고 할 수 있다.

3. 전자세금계산서의 발행 및 신고

1) 전자세금계산서의 발행

(1) 발급대상

○ 법인사업자 : 2011년부터 전면시행
○ 개인사업자 : 2012년도부터 직전년도 공급가액이 10억원 이상인 사업자만 해당
10억원 미만 사업자 : 전자세금계산서 및 종이세금계산서 병행 가능

2) 전자세금계산서 발급 절차

① 사업자등록증 지참하여 기업통장 발급
② PC에 전자세금계산서 전용 공인인증서 설치(비용 : 4,400원정도 소요)
③ e세로 전자세금계산서 사이트 회원가입(www.esero.go.kr)
④ 인증서 로그인
⑤ <발급 수정>메뉴 클릭 후 <건별발급> 메뉴 클릭
⑥ 전자세금계산서 내용 작성(매입처 담당자의 e-mail 주소 반드시 기재)
공급자 : 업체별 1회 입력 --추후 재발행시 <거래처 검색> 클릭하면 기존 등록한 업체리스트 제공
⑦ 신중히 발행 : 발행과 동시에 신고됨 : 발급 미리보기로 확인 후 발급
⑧ 잘못 발행시 수정발급 가능 : <수정발급> 클릭 후 승인번호 입력 후 확인 클릭하면 수정가능
⑨ 승인번호는 어떻게 아는지?
전자세금계산서를 발행하면 e-mail로 전자세금계산서 발행내역이 전송됨. 그곳에서 확인(조회보다 빠름)

3) 수정세금계산서의 작성

(1) 수정세금계산서 교부사유

① 당초 공급한 제화가 환입된 경우(1장 발급)
환입된 날을 작성일자로 금액은 (-)표시

② 계약의 해제인 경우(1장 발급)
당초세금계산서 작성일자로 금액(-) 표시

③ 일부 계약의 해지 등에 따라 공급가액에 추가 또는 차감되는 금액이 발생한 경우 (1장 발급)
증감사유가 발생한 날을 작성일자로 금액 (+또는 -)

④ 내국신용장 등이 발급된 경우(2장 발급)
공급시기가 속하는 과세기간 종료 후 20일 이내에 내국신용장 등이 개설된 경우 : 당초 세금계산서 작성일자를 기재하고 비고란에 내국신용장 개설일 등을 부기 당초에 발급한 세금계산서 내용대로 세금계산서 부의 표시(-)하고, 추가하여 영세율 세금계산서 발급

⑤ 필요적 기재사항 등이 착오로 잘못 기재된 경우(2장 발급)
세무서장이 경정하여 통지하기 전까지 수정세금계산서를 작성하되, 당초 발급한 세금계산서 내용대로 (-)표시 세금계산서 발급하고, 수정하여 발급하는 세금계산서는 (+)의 세금계산서 발급

⑥ 착오에 의한 이중 발급(1장 발급)
착오로 이중으로 발급한 경우 당초 발급한 세금계산서의 내용대로 (-)표시 발급

4) 부가가치세의 전자신고 절차

① 홈텍스 방문(www.hometax.go.kr)
② 초기화면 - <세금신고·신고분납부> → <부가가치세> 또는 <세금신고·신고분 납부 “바로가기” → 부가가치세> 클릭
③ 로그인 : 공인인증서 로그인
④ 사업자의 과세유형(일반과세자 또는 간이과세자) 및 신고 구분(정기신고 또는 기한 후 신고 또는 수정신고·경정청구) 선택
⑤ 홈텍스 세금신고 작성프로그램 실행된다.
⑥ 프로그램상 내용 입력
⑦ 신고서 작성완료 클릭
⑧ 신고서 전체보기 클릭
⑨ 신고서 전송 -- 화면우측 하단 <신고서 보내기> 클릭
⑩ 접수증 출력

※ 화면 상단에 ″전송되었습니다“라고 되어 있어야만 홈텍스 시스템으로 신고서가 전송

된 것임.

※ 신고확인

홈텍스에서 부가세 신고확인 가능

① <세금신고·신고분납부·부가가치세 신고확인> 클릭

② 사업자번호 신고일자 입력후 <조회> 클릭

접수구분(구비서류)의 "정상(몇종)"클릭 - 첨부된 부속서류 목록 조회

③ "접수구분"에서 정상접수 여부 확인가능

④ 접수증 상세내역 조회

4. 부동산임대용역의 과세표준계산

1) 임대용역의 과세표준

부가가치세법상 사업자가 부동산임대용역을 공급하고 임대보증금을 받는 경우 임대보증금에 대한 정기예금 이자상당액을 임대소득으로 간주하여 부가가치세를 부과하는 것을 간주임대료라고 한다.

과세표준 = 과세기간내의 월 임대료 합계 + 간주임대료

2) 간주임대료 계산

사업자가 부동산임대용역을 공급하고 전세금 또는 임대보증금과 더불어 월 임대료를 받는 경우에는 월 임대료는 전액 부가가치세 과세표준에 해당하고 전세금 또는 임대보증금은 1년간 정기예금이자율을 적용하여 이자상당액을 부가가치세 과세표준으로 정한다. 즉, 부동산임대용역으로 인한 부가가치세 과세표준은 간주임대료 과세표준과 과세기간 동안의 월임대료합계액을 말한다.

◆ 간주임대료 과세표준

= 당해 기간의 전세금(임대보증금) × 과세대상기간 일수 × 정기예금이자율/365

※ 정기예금이자율은 국세청 고시 이자율을 적용한다.

◆ 부가가치세 과세표준 = 간주임대료 + 과세기간 내의 월 임대료 합계액

제5절 납부세액의 계산

사업자가 납부하여야 할 부가가치세액의 계산은 재화나 용역의 공급으로 인해 발생한 매출세액에서 재화나 용역의 공급을 위해 투입된 매입세액과 기타사항을 공제한 차액을 납부세액으로 계산한다.

1. 부가가치세의 계산절차

부가가치세의 계산절차는 공급자와 공급받는자 상호간 거래에 의하여 거래증빙으로 발행한 세금계산서의 공급가액에 10%의 단일세율을 적용하여 매출세액과 매입세액과의 차액을 부가가치세의 납부 또는 환급세액으로 결정한다. 즉, 매출세액이 매입세액보다 많을 경우 차액이 납부세액이 되며, 매입세액이 매출세액보다 많을 경우 그 차액을 환급받을 세액이 된다.

<부가가치세의 계산절차>
매출세액 - 매입세액 = 납부(환급)세액

매출세액 = 매출공급가액 × 세율
매입세액 - 매입시 공급받은가액 × 세율

1) 예정신고 누락의 가산

부가가치세 납부 대상 사업자는 부가가치세 신고 및 납부기간을 준수하여야 불이익을 당하지 않는다. 즉, 법인기업은 연 4회의 예정신고와 확정신고를 하여야 하고 개인기업은 연 2회의 확정신고만 하면된다. 하지만 법인기업의 경우 예정신고기간에 누락된 사항이 있을 경우 이를 확정신고기간에 합산하여 신고하면 가산세 등을 줄일 수 있다.

제6절 신고와 납부

1. 예정신고와 확정신고

<예정신고와 확정신고기간>

과세기간	과세대상기간		신고납부기간	신고대상자
제1기 1.1~6.30	예정신고	1.1~3.31	4.1~4.25	법인사업자
	확정신고	1.1~6.30	7.1~7.25	법인·개인사업자
제2기 7.1~12.31	예정신고	7.1~9.30	10.1~10.25	법인사업자
	확정신고	7.1~12.31	다음해 1.1~1.25	법인·개인사업자

1) 예정신고 및 확정신고 제출서류

부가가치세 예정신고 자는 다음의 서류를 제출하여야 한다(부령 제64조 2항). 다만, 당해 사업자의 경우에 해당되지 않는 서류는 제출할 필요가 없다.

① 일반과세자 부가가치세(예정, 확정, 기한후과세표준, 영세율등조기환급)신고서
② 매출처별세금계산서합계표
③ 매입처별세금계산서합계표
④ 신용카드매출전표 등 발행금액 집계표
⑤ 영세율 첨부서류
⑥ 부동산임대공급가액명세서
⑦ 대손세액공제(변제)신고서
⑧ 공제받지 못할 매입세액명세서
⑨ 사업설비투자실적증명서
⑩ 의제매입세액공제신고서
⑪ 건물 등 감가상각자산 취득명세서
⑫ 현금매출명세서
⑬ 전자세금계산서 발급세액공제신고서

2. 수정신고와 경정청구

1) 의의

부가가치세는 사업자가 부가가치세 신고기간(법인기업 연 4회, 개인기업 연 2회)에 자신 신고 및 납부를 하도록 되어있다. 따라서 사업자는 부가가치세 신고기한을 엄수하여야 불이익을 당하지 않는다. 하지만 신고기간을 잘 엄수하여 신고 및 납부를 종료하였지만 신고 및 납부과정에서 오류, 누락, 탈류 등이 있어 납부세액을 적게 납부하였을 시는 이를 일정기간 내에 수정신고를 하여야 한다. 그럴 경우 사업자는 가산세의 50%를 감면받을 수 있으며, 또한 신고 및 납부세액이 당초보다 많게 납부하였다면 경정청구를 통하여 되돌려 받아야 한다. 이를 수정신고와 경정청구제도라 한다.

2) 수정신고제도

사업자가 부가가치세 예정신고와 확정신고를 마친 다음 오류, 누락 등에 의하여 수정신고를 할 필요가 있다고 판단될 시는 부가가치세법 제18조 및 19조에 의하여 관할 세무서장이 당해 부가가치세 과세표준과 납부세액을 경정하기 전까지 수정신고서를 제출할 수 있다. 이렇게 함으로서 가산세 중 일부를 감면받을 수 있다.

(1) 수정신고 대상

사업자가 기 신고한 부가가치세에 대하여 수정신고를 요하는 경우는 다음과 같다.(국기법 제45조 1항).

① 당초 예정신고 또는 확정신고서에 오류, 누락, 탈루가 있는 경우
② 당초 신고한 부가가치세의 과세표준과 납부세액이 신고하여야 할 과세표준과 납부세액에 미달하여 신고 한 경우
③ 당초 신고한 환급세액이 신고하여야 할 환급세액을 초과하여 신고 한 경우

(2) 수정신고 대상자

수정신고 대상자는 사업자가 부가가치세의 법정신고 기한 내에 세액을 납부 또는 환급신고한 사업자만이 수정신고를 할 수 있다. .

(3) 수정신고 방법 및 효력

① 수정신고 방법

부가가치세의 수정신고는 수정신고서에 수정신고 표시를 하고 당초신고분과 수정신고분을 이중으로 기재하되 당초신고분은 주서로 기재하고 수정신고분은 흑서 또는 청서로 기재하여야 한다.

② 수정신고의 효력

사업자가 오류, 누락, 탈류 등에 의하여 당초 신고분이 잘못되었다는 것을 인지하고 수정신고를 할 경우 국세기본법 제 45조에 의해 수정신고서를 법정신고기간 경과 후 6월 이내에 제출하여야 한다. 이를 경우 과소신고 금액의 50/100에 상당하는 세액을 경감받을 수 있다. 단, 과세관청으로부터 당초신고가 잘못되어 경정의 조치가 있을 것을 미리 알고 수정신고를 하는 경우에는 과소신고 금액의 50/100에 상당하는 세액을 경감받을 수 없다.(국기법 제49조). 또한 수정신고기한 내에 수정신고를 하였으나 그에 따른 추가 납부세액을 자진 납부하지 않은 경우에도 가산세에 대한 감면은 적용받지 못한다.

(4) 수정신고에 대한 유의사항

① 수정신고로 인한 가산세의 경감을 받고자 할 때는 법정신고 기한 경과 후 6월 이내에 수정신고한 경우에만 해당하며
② 수정신고서 제출시 해당되는 증빙서류를 제출하여야만 기한내 수정신고로 인정되어 가산세의 감면을 받을 수 있다.

(5) 예정신고 누락분의 수정신고

사업자가 부가가치세 예정신고시 누락분이 있을 경우에는 확정신고시에 예정신고 누락분란에 기재하고 신고하면 이를 수정신고로 간주한다.

3) 경정청구제도

사업자가 부가가치세의 예정신고 및 확정신고를 과다하게 신고한 경우 과다납부된 세액을 돌려받기 위해서는 법정신고기간 내에 관할 세무서장에게 경정청구제도를 통하여 돌려받을 수 있다.(부가가치세법 제18조 및 19조) 이를 경정청구제도라 한다.

(1) 경정청구 대상

부가가치세의 경정청구 대상은 예정신고 및 확정신고를 한 사업자가 당초 신고한 부가가치세의 과세표준과 납부세액이 신고하여야 할 과세표준과 납부세액을 초과하영 신고 및 납부한 경우와 당초 신고한 환급세액이 신고하여야 할 환급세액에 미달하여 신고한 경우가 경정청구 대상이 된다.

(2) 경정청구 대상자

경정청구대상자는 부가가치세를 법정신고기한 내에 신고 및 납부(환급)한 자만이 그 대상이 된다.

(3) 경정청구 기한

부가가치세의 경정청구는 과세기간 경과 후 2년 이내에 관할 세무서장에게 경정을 청구를 하여야 한다.

4) 수정신고 또는 경정청구 통지

수정신고 및 경정청구를 통한 결정 또는 경정의 청구를 받은 세무서장은 그 청구를 받은 날로부터 2월 이내에 과세표준 및 세액을 결정 또는 경정하거나, 결정 또는 경정하여야 할 이유가 없다는 뜻을 그 청구를 한 자에게 통지하여야 한다(국기법 제45조의2 3항).

제7절 경정·징수와 환급

부가가치세의 신고 및 납부에 대한 종결은 납세의무자가 신고기한내에 자신신고 및 납부를 함으로서 종결된다. 하지만 이는 어디까지나 납세의무자가 성실신고에 의한 것으로 간주하였으나 과세관청이 신고내역에 대한 오류, 누락 등이 있다고 판단될 시는 납세의무자의 불성실 신고로 간주하고 이에 대한 추가 징수 등의 결정을 하게 된다. 이와 같이 불성실 신고분에 대한 과세관청의 추가징수절차를 경정이라 한다.

1. 경 정

1) 경정의 필요성

부가가치세는 납세의무자로 하여금 자진신고 및 납부를 하도록 하고 있다. 하지만 납세의무자가 성실신고를 하지 않고 신고내용에 오류, 누락 등이 있다고 판단될 경우 과세관청은 당해 과세기간의 과세표준 및 납부세액을 조사하여 정확한 조세의무를 납세의무자에게 이행하도록 할 필요가 있다.

2) 경정의 대상

사업장 관할 세무서장, 사업장 관할 지방국세청장 또는 국세청장(이하 "사업장 관할 세무서장등"이라 한다)은 사업자가 다음 각 호의 어느 하나에 해당하는 경우에만 그 과세기간에 대한 부가가치세의 과세표준과 납부세액 또는 환급세액을 조사하여 결정 또는 경정한다.(부법 제21조 1항).

1. 확정신고를 하지 아니한 경우
2. 확정신고한 내용에 오류 또는 탈루

과세관청은 납세의무자가 자진신고한 부가가치세에 대하여 다음의 경우에 해당될 경우에는 그 과세기간에 대한 부가가치세의 과세표준과 납부세액 등에 대하여 조사를 통하여 경정을 결정할 수 있다. 사업장 관할 지방국세청장 또는 국세청장은 사업자가 다음의 1에 해당하는 경우에 한하여 그 과세기간에 대한 부가가치세의 과세표준과 납부세액 또는 환급세액을 조사에 의하여 경정한다

① 확정신고를 하지 아니한 경우
② 확정신고한 내용에 오류 또는 탈루(脫漏)가 있는 경우
③ 확정신고를 할 때 매출처별 세금계산서합계표 또는 매입처별 세금계산서합계표를 제출하지 아니하거나 제출한 매출처별 세금계산서합계표 또는 매입처별 세금계산서합계표의 기재사항의 전부 또는 일부가 적혀 있지 아니하거나 사실과 다르게 적혀 있는 경우
④ 그 밖에 대통령령으로 정하는 사유로 부가가치세를 포탈(逋脫)할 우려가 있는 경우

2. 환 급

1) 환급의 의의

부가가치세의 환급은 납세의무자가 부가가치세의 예정신고 및 확정신고기간에 당초신고한 세액이 신고하여야 할 세액을 초과한 경우 그 초과금액을 납세의무자에게 되돌려 주는 제도를 환급이라 한다.

2) 환급의 대상

부가가치세법 제24조에 의한 환급의 대상은 다음과 같다.

① 부가가치세 신고시 매입세액이 매출세액을 초과하였을 때 그 초과한 금액
② 영세율 적용사업자의 영세율적용대상에 해당하는 금액
③ 사업설비를 취득, 신축, 확장, 증축관련 지출한 부가가치세액

3) 환급의 구분

(1) 일반환급

납세의무자가 신고한 부가가치세 신고서상 매입세액이 매출세액을 초과하였을 때 사업장 관할 세무서장은 그 초과한 금액을 납세의무자에게 환급하여야 한다.(부법 제24조 1항, 부령 제72조 4항).

① 환급시기

일반환급은 과세기간별로 그 확정신고기한 경과 후 30일 내에 사업자에게 환급한다(부령 제72조 1항). 그리고 경정에 의하여 추가로 발생한 환급세액은 지체 없이 환급한다(부령 제72조 2항).

(2) 조기환급

부가가치세 환급은 대부분 일반환급에 해당되어 학정신고 경과 후 30일 이내에 환급하나 다음의 경우에는 각 예정신고기간별로 예정신고기한 경과 후 15일 이내에 사업자에게 환급해 주는 것을 조기환급이라 한다.

① 조기환급 대상

조기환급 대상 재화는 부가가치세법 제24조 2항에 규정하는 다음의 1에 해당하여야 한다.

· 부가가치세법 제11조에 의해 영세율을 적용하는 경우
· 사업 설비를 신설·취득·확장 또는 증축하는 경우

② 조기환급 시기

조기환급 대상 사업자는 조기환급을 받기 위해서는 조기환급기간을 설정할 수 있다. 즉, 예정신고 기간 또는 확정신고기간 종료일을 기준으로 환급신청을 할 수 있으며, 예정신고기간 중이거나 확정신고기간 중에 매월 또는 2월을 환급신청기간으로 정하여 조기환급기간 종료일로부터 25일 이내에 관할세무서에 조기환급신청을 하면 과세관청은 조기환급신고기한 경과 후 15일 이내에 조기환급금을 신청한 사업자에게 환급해 준다.(부령 제73조 3항).

제3장 소득세

제1절 소득세 실무

1. 소득세의 개념

1) 소득세의 개요

소득세는 개인이 벌어들인 소득에 대하여 부과하는 세금을 말한다.

법인의 소득에 대하여 부과되는 법인세와 구별되며, 소득세는 다음과 같은 특징을 가지고 있다.

① 소득세는 직접세이다. 즉, 세금을 부담하는 담세자(擔稅者)와 세금을 신고·납부하는 납세자(納稅者)가 동일하다.

② 소득세는 개인의 소득이 있는 경우에 한하여 개인의 소득금액의 크기에 따라 납부하는 세금이 달리 산정된다.

③ 소득세는 과세표준별로 부과되는 세금이 달리하기 때문에 초과누진세율을 적용하고 있다.

2) 복식부기의무자와 간편장부의무자

(1) 구분

업 종 별	기준금액(전기매출액)	
	복식부기	간편장부
① 농업 및 임업, 어업, 광업, 도·소매업, 부동산매매업 기타 ②항 및 ③항에 해당되지 아니하는 업	3억원 이상	3억원 미만

② 제조업, 숙박 및 음식점업, 전기·가스 및 수도사업, 건설업, 운수업, 금융 및 보험업	1억5천만원 이상	1억5천만원 미만
③ 부동산임대업, 사업서비스업, 교육서비스업, 보건 및 사회복지사업, 사회 및 개인서비스업, 가사서비스업	7천500만원 이상	7천500만원 미만
④ 신규사업자		당해연도 신규사업자는 매출규모에 관계없이 간편장부의무자

3) 납세의무자

납세의무자라 함은 법적으로 세금을 납부하여야 하는 주체를 말한다. 소득세를 납부할 납세의무자는 개인이 된다. 개인은 주소 또는 거소(居所)의 유무나 거주기간에 따라 거주자와 비거주자로 구분하는데 이러한 구분에 따라 과세대상소득의 범위가 달라진다.

(1) 거주자(居住者)

개인이 국내에 주소가 있거나 국내에 주소가 없더라도 1년 이상 거소(居所)를 둔 경우에는 거주자에 해당된다. 따라서 외국인도 국내에서 1년 이상 거소를 둔 경우에는 내국인과 똑같이 거주자에 해당되므로 거주자 여부를 판정할 때 국적이나 영주권의 취득 등은 고려할 필요가 없다. 이러한 거주자에 대해서는 국내에서 벌어들인 소득뿐만 아니라 외국에서 벌어들인 소득에 대해서도 납세의무를 지게 된다. 즉, 국내의 모든 소득에 대해 납세의무를 진다.

(2) 비거주자(非居住者)

국내에 주소가 없으며 또한 1년 이상 거처하지 아니한 개인을 말한다. 비거주자는 국내에서 발생한 소득에 대해서만 납세의무를 지게 된다.

4) 과세기간

과세기간이란 과세대상 소득금액의 수입기간을 정하는 것으로서 현행 소득세법에서는 매년 1월 1일부터 12월 31일까지를 1과세기간으로 규정하고 있다.

거주자가 사망한 경우에는 1월 1일부터 사망한 날까지이며, 거주자가 출국하는 경우에는 1월 1일부터 출국일까지이다.

5) 납세지

납세지라함은 개인이 소득세를 납부하여야 하는 장소를 말한다. 거주자의 경우 납세지는 원칙적으로 거주자의 주소지, 주소지가 없는 경우에는 거소지를 납세지로 한다. 그러나 비거주자인 경우에는 주된 사업장의 소재지로 하며, 국내 사업장이 없는 경우에는 국내원천소득이 발생하는 장소로 한다. 원천징수하는 납세지는 원천징수하는 자의 사업장소재지(법인의 본점)으로 한다.

6) 분류과세와 종합과세

소득세법에서는 원칙적으로 종합과세의 방법을 채택하고 있다.

구 분	해 당 소 득
종합과세	이자소득, 배당소득, 사업소득, 근로소득, 연금소득, 기타소득
분류과세	퇴직소득, 양도소득
분리과세	이자소득, 배당소득, 근로소득, 연금소득, 기타소득 중 일정소득

7) 소득별 소득금액의 계산구조

(1) 종합소득세 계산구조

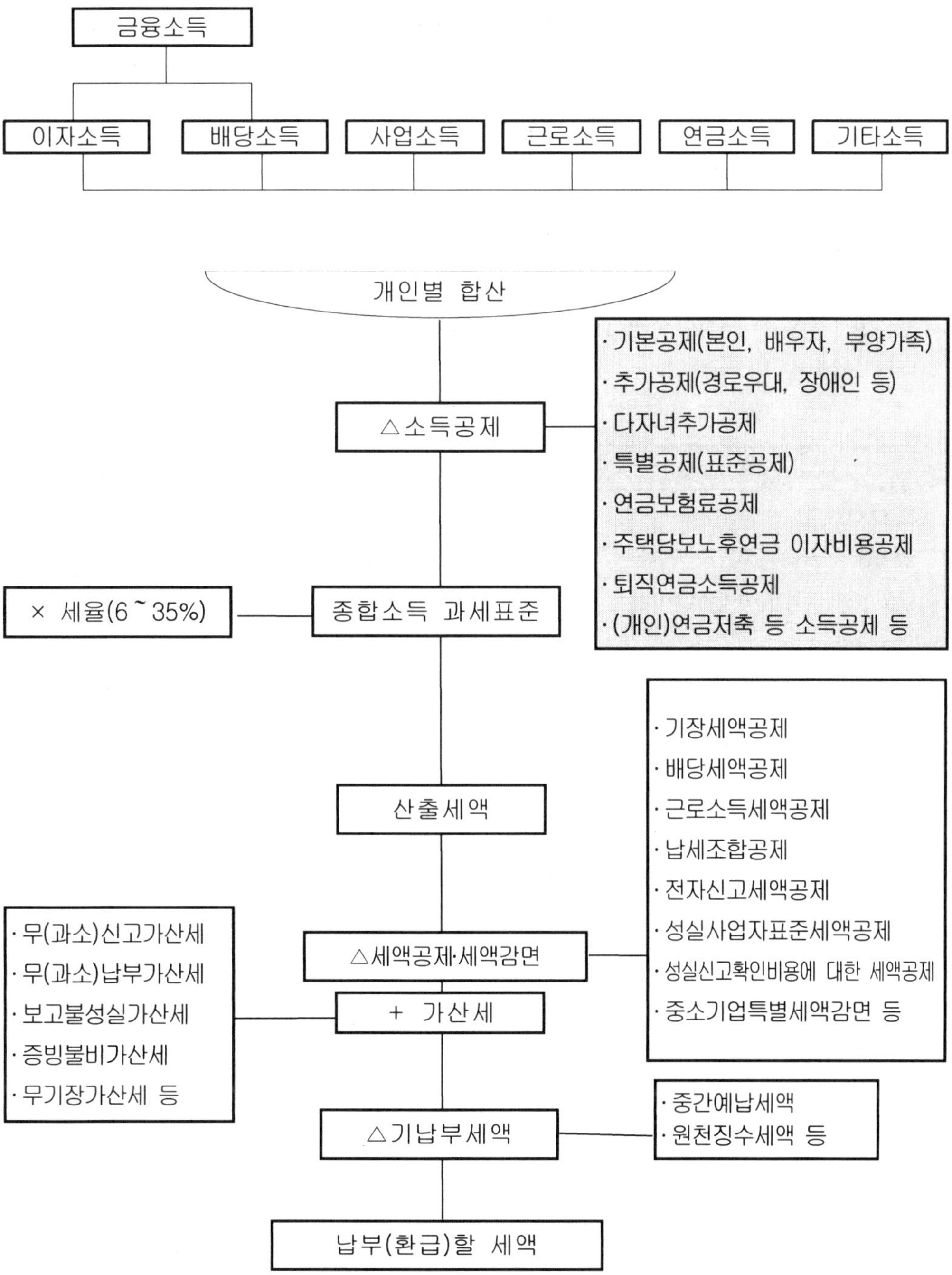

※ 세액계산절차

과세표준	×	세율	=	산출세액
산출세액	-	(세액공제 + 감면세액	=	결정세액
결정세액	-	미미 납부한 세액	=	자진 납부세액

(2) 종합소득세의 세율

종합소득세를 산출하기 위해 과세표준에 적용할 세율은 다음과 같다.

<표 3-1> 종합소득세율

과 세 표 준	세 율	비고
1,200만원 이하	6%	
1,200만원 초과 4,600만원 이하	71만원 + 1,200만원 초과액× 16%	
4,600만원 초과 8,800만원 이하	616만원 + 4,600만원 초과액 × 25%	
8,800만원 초과	1,666만원 + 8,800만원 초과액 × 35%	

(3) 종합소득세의 신고와 납부

종합소득세의 신고는 매년 1월 1일부터 12월 31일까지의 소득에 대하여 익년 5월 1일부터 5월 31일까지 주소지 관할세무서에 신고 및 납부하여야 한다.

(4) 수정신고 및 경정 등의 청구

① 소득세 과계표준과 세액을 정부가 결정 또는 경정하는 통지가 있기 전까지는 언제든지 수정신고 또는 기한 후 신고를 할 수 있다.

② 수정신고를 법정신고기한 경과 후 6월 이내, 기한후 신고는 1월 이내에 하게 되면 과소 신고로 인한 가산세가 50% 경감된다.

③ 경정 등의 청구는 법정신고기한 경과 후 3년 이내에 하여야 한다.

(5) 무신고·불성실 신고 가산세

① 신고불성실 가산세 : 미납세액의 20/100(40/100)
② 납부불성실 가산세 : 미납부세액의 1일 3/10,000

(6) 소득세 중간예납

정부에서는 세수를 조기에 확보하고 납세자로 하여금은 세금의 분납효과로 재정부담을 덜어준다는 취지에서 소득세 중간예납제도를 두고 있다. 중간예납은 전연도 납부한 세액의 1/2를 고지에 의하여 11월 30일까지 납부하도록 하고 있다. 중간예납을 하여야 할 자가 중간예납추계액이 기준액의 30%에 미달하는 경우에는 11/1-11/30일까지 추계액신고를 할 수 있다.(소법 제65조)

(7) 분납

납부할 세액이 많아 일시불로 납부할 능력이 없는 경우에는 납부기한 경과후 45일 이내에 분납제도를 활용할 수 있다.
① 납부할 세액이 1,000만원 초과 2,000만원 이하인 경우는 1,000만원을 초과하는 금액
② 납부할 세액이 200만원을 초과하는 경우 그 세액의 50% 이하의 금액

2. 소득별 해설

1) 사업소득

사업소득이라 함은 개인이 영리행위를 목적으로 사업을 영위함으로서 얻게 되는 소득을 말한다. 사업의 종류에는 농업, 어업, 광업, 제조업, 전기·가스 및 수도사업, 건설업, 도·소매업 및 소비자용품 수리업, 숙박 및 음식점업, 운수·창고 및 통신업, 금융·보험업, 부동산업(임대), 부동산매매업, 교육서비스업, 보건 및 사업복지사업, 사회 및 개인서비스업, 가사서비스업 등이 있다.

사업소득금액 = 총수입금액 - 필요경비 - 이월결손금

(1) 사업소득 총수입금액의 계산(소득세법시행령 제51조 ③)

① 총수입금액 항목

㉠ 사업수입금액

㉡ 장려금 및 기타 이와 유사한 성질의 금액

㉢ 관세환급금 등 필요경비로 지출된 세액이 환입되었거나 환입될 경우의 금액

㉣ 사업과 관련하여 받은 무상자산의 가액 및 채무면제이익

㉤ 퇴직일시금, 신탁의 이익, 단체퇴직보험금 계약, 퇴직보험계약의 보험차익

㉥ 사업과 관련하여 생긴 보험차익

㉦ 퇴직일시금 신탁의 이익 도는 분배금과 단체퇴직보험계약 및 근로자퇴직급여보장법 제34조의 규정에 의한 퇴직보험계약의 보험차익

㉧ 기타 업무와 관련된 수입금액으로서 당해 사업자에게 귀속되었거나 귀속될 금액

㉨ 국가·지방자치단체로부터 사업과 관련하여 받은 보조금, 장려금

㉩ 동업자단체 또는 거래처로부터 받는 보조금, 장려금

㉪ 부가가치세 신용카드 매출세액공제

㉫ 기타 사업과 관련된 수입금액

② 총수익금액 불산입항목(소법 제26조)

㉠ 환급소득세 주민세 중 다른 세액에 충당한 금액

㉡ 이월결손금의 보전에 충당된 자산수증이익 또는 채무면제이익

㉢ 이월된 소득금액

㉣ 자가생산한 제품 등을 다른 제품(건설공사)의 원료 등으로 사용한 금액

㉤ 특별소비세·주세 및 교통세

㉥ 국세 등의 환부이자

㉦ 부가가치세 매출세액

㉧ 자산 임의평가차익

㉨ 사업용 고정자산의 처분이익

㉩ 환입된 물품의 가액과 매출에누리

(2) 필요경비

사업을 영위하기 위한 필요적 경비로서 열거하면 다음과 같다.

① 급료, 상여금, 퇴직급여

② 수입금액을 얻기 위해 직접 사용된 원료

③ 수선비 등, 각종 보험료

④ 고정자산의 감가상각비

⑤ 재고자산 평가차손, 이자비용, 직장훈련비, 복리후생적인 경비, 종업원 및 그 자녀의 학자금, 장학금, 직장보육시설의 운영비

⑥ 접대비, 기부금, 대손금, 광고선전비, 수선비, 세금과 공과금,

⑦ 부가가치세 매입세액 중 필요경비로 인정되는 경비

사업자가 부담하는 부가가치세 매입세액은 필요경비로 인정하지 않는다. 그러나 부가가치세 매입세액이 불공제 되는 다음의 경우는 필요경비로 인정한다.

㉠ 부가가치세 면세사업자가 부담하는 매입세액

㉡ 간이과세자가 납부한 부가가치세

㉢ 운수업의 차량을 제외한 업무용 소형승용차의 유지에 관한 매입세액

㉣ 영수증을 받은 거래분에 포함된 매입세액으로서 공제대상이 아닌 금액

㉤ 임대인 또는 임차인이 부담한 전세금 및 임대보증금에 대한 간주임대료 부가가치세

㉥ 접대비 및 이와 유사한 경비의 지출에 관련된 매입세액

⑧ 대손충당금 한도액

다음 ㉠과 ㉡ 중 큰 금액(법인세법과 동일)

㉠ 매출채권의 금액 ×1%

㉡ 매출채권잔액에 대손실적율(당해 과세기간의 대손금 ÷ 직전과세기간 종료일 현재의 채권잔액)

⑨ 퇴직급여충당부채 한도액

다음 ㉠과 ㉡ 중 적은 금액(법인세법과 동일)

㉠ 1년간 계속 근무한 사용인에게 지급한 총 급여액의 5/100

㉡ 당해연도에 사용인이 전원 퇴직할 경우 지급하여야 할 퇴직금 추계액의 30%에서 직전 사업연도의 퇴직급여충당부채 누적액을 차감한 금액

⑩ 부동산매매업자의 부동산 양도당시의 장부가액

⑪ 산림취득비, 양잠업의 경비, 가축 및 가금비

⑫ 사업용 자산에 대한 기타의 비용(관리유지비, 사업용 고정자산의 임차료)

⑬ 다음의 무형자산 상각액(개발비: 20년 이내상각, 사용수익기부자산가액: 사용수익기간에 안분하여 상각)

(3) 필요경비 불산입

다음의 비용은 경비로 인정하지 않는다(소법 제33조 및 소령 제61조)

① 소득세, 소득할 주민세[1]와 벌금, 과료, 과태료, 세법에 의한 가산금과 채납처분비

② 조세에 관한 법률에 의한 징수의무의 불이행으로 인하여 납부하였거나 납부할 세액(가산세 포함)

③ 감가상각비로서 법정 한도액을 초과하는 금액

④ 단기투자자산(재고자산포함) 이외의 자산의 평가로 인한 손실

⑤ 차입금 중 사업용 고정자산의 매입이나 건설에 충당한 금액에 대한 지급이자

⑥ 채권자가 불분명한 차입금의 이자 및 법정공과금 이외의 공과금

⑦ 선급비용

⑧ 업무와 관련하여 고의 또는 중대한 과실로 타인의 권리를 침해함으로써 지급하는 손해 배상금

⑨ 사업용 고정자산을 양도[2]하거나 내용연수의 경과로 폐기처분하는 경우 발생한 손실

⑩ 직접 그 업무와 관련이 없다고 인정되는 경비 및 차입금이자

⑪ 가사관련 경비로 확인되는 경우와 초과 인출금 즉, 사업용 자산의 합계액이 부채(충당금과 준비금 제외)에 미달하는 경우에 그 미달하는 금액에 상당하는 부채의 지급이자로서 다음과 같이 계산한 금액은 필요경비로 인정하지 않는다.

$$\text{초과인출금에 대한 지급이자 필요경비 불산입 금액} = \text{지급이자} \times \frac{\text{당해과세기간 중 부채의 합계액이 사업용자산의 합계액을 초과하는 금액I의 적수}}{\text{당해 과세기간 중 차입금의 적수}}$$

⑫ 조세특례제한법 상의 제 준비금 한도초과액

1) 균등할 주민세는 필요경비로 인정한다.

2) 시설의 개체 또는 기술의 낙후로 폐기하는 경우는 필요경비로 인정

∞ 기준경비율과 단순경비율 ∞

모든 사업자는 복식부기나 간편장부에 의해 기장하여야 한다.

❧ 복식부기의무자

업 종	직전 연도 수입금액
농업, 어업, 광업, 도·소매업, 부동산 매매업 등	3억원 이상
제조업, 음식·숙박업, 건설업, 운수업, 창고업, 금융업 등	1억 5천만원 이상
부동산 임대업, 서비스업	7,500만원 이상

직전 연도 수입금액이 위의 수입금액에 미달하는 사업자는 간편장부 대상자임

❧ 경비율제도

간편장부도 기장하지 않는 영세사업자의 경우 세금 부과시 총수입 중에서 일정비율을 비용으로 인정하여 주는 금액의 비율

❧ 기준경비율

업종에 따라 연간수입이 일정기준 이상

❧ 단순경비율

수입이 일정기준 미달하는 영세사업자

❖ 기준경비율

무기장 사업자에 해당

❧ 기준경비율 적용대상자

구 분	직전 연도 수입금액
농업, 임업, 어업, 광업, 도·소매업, 부동산 매매업 등	6,000만원 이상
제조업, 음식·숙박업, 전기.가스.수도사업, 건설업, 운수업, 통신업, 금융업 및 보험업 등	3,000만원 이상
부동산 임대업, 사업서비스업, 교육서비스업, 보건 및 사회복지사업, 사회 및 개인서비스업, 가사서비스업 등	2,400만원 이상

주요경비-- 원재료매입비, 인건비, 임차료에 대해서는 영수증, 세금계산서,
지급조서 등 증빙구비 필수

주요경비 이외의 경비는 기준경비율에 따라 일정부분을 필요경비로 인정

❧ 기준경비율에 의한 소득금액 계산

소득금액 = 수입금액-주요경비(매입비용+인건비+임차료)-(수입금액×기준경비율)

매입비용: 재화(상품, 제품, 재료, 소모품 등 물건과 전력료, 수도료 등)의 매입과 외주가공비(하도급비, 임가공료) 및 운송업의 운반비

❖ 단순경비율

무기장 사업자들 가운데 직전연도 수입금액이 기준경비율 적용대상에 미치지 못하는 소규모사업자 또는 당해 신규 사업자의 경우 단순경비율 적용
인건비, 임차료 등 증빙 없이 필요경비 인정

소득금액 = 수입금액 - (수입금액 × 단순경비율)

2) 근로소득

근로소득은 개인이 특정 단체(기업)에 소속되어 근로를 제공하고 받는 대가를 말한다.

(1) 근로소득으로 보는 경우

① 근로의 제공으로 받는 봉급, 급료, 보수, 임금, 노임, 상여, 각종 수당
② 근로수당, 가족수당, 전시수당, 물가수당, 출납수당, 직무수당, 기술수당, 보건수당, 연구수당, 기타 유사한 수당
③ 시간외근무수당, 통근수당, 개근수당, 특별공로금 기타 유사한 성질의 급여
④ 법인의 주주총회 또는 이사회 등 의결기관의 결의에 의하여 받는 상여금
⑤ 업무를 위하여 사용된 것이 분명하지 않은 기밀비, 판공비, 교제비
⑥ 주택수당, 급식수당, 피복수당 및 기타 유사한 성질의 급여
⑦ 대학·전문대학 및 이에 준하는 학교의 교원이 지급받는 연구보조비와 특정연구기관 육성법의 적용을 받는 연구기관, 특별법에 의하여 설립된 정부출연 연구기관 또는 지방자치단체출연 연구원에서 연구활동에 직접 종사하는 자가 받는 연구활동비
⑧ 퇴직으로 인하여 받는 퇴직위로금, 퇴직공로금
⑨ 육아휴직급여 및 산전 휴가급여

근로소득금액 = 총급여액 - 근로소득공제

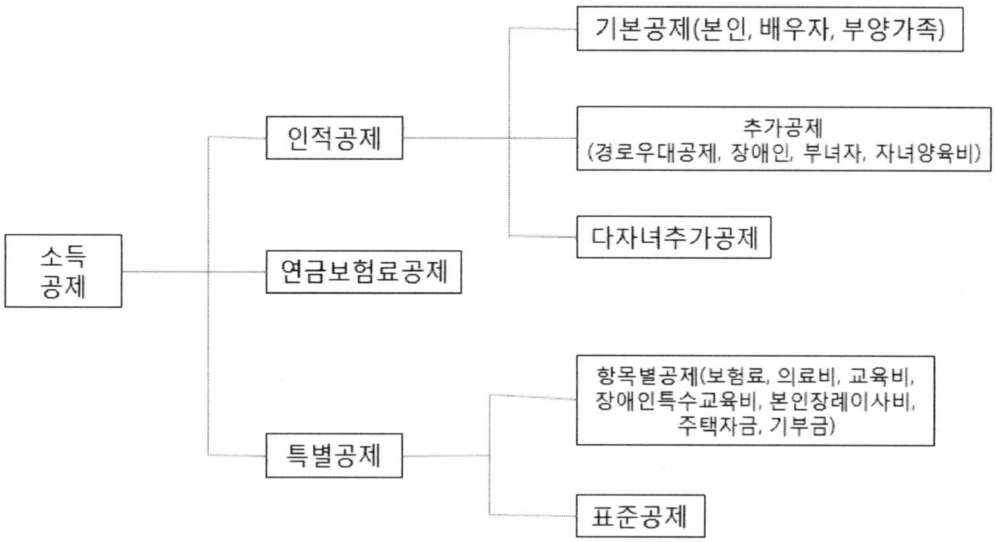

<그림 3-1> 소득공제 흐름도

3) 근로소득세 연말정산

근로소득세 연말정산이란 근로소득금액을 지급하는 사업자가 다음연도 2월분 급여를 지급할 때 1년 동안 지급한 총급여액에 대한 근로소득세액을 세법에 따라 정확하게 계산하여 매월 급여지급 시 원천징수 하였는지를 검증하는 절차로서 1년 동안 원천징수한 세액이 부족할 경우 부족한 만큼 2월분 급여지급 시 추가로 세액을 징수하고 과다 징수한 경우는 환급해주는 절차를 연말정산이라 한다.

<근로소득자의 연말정산 흐름도>

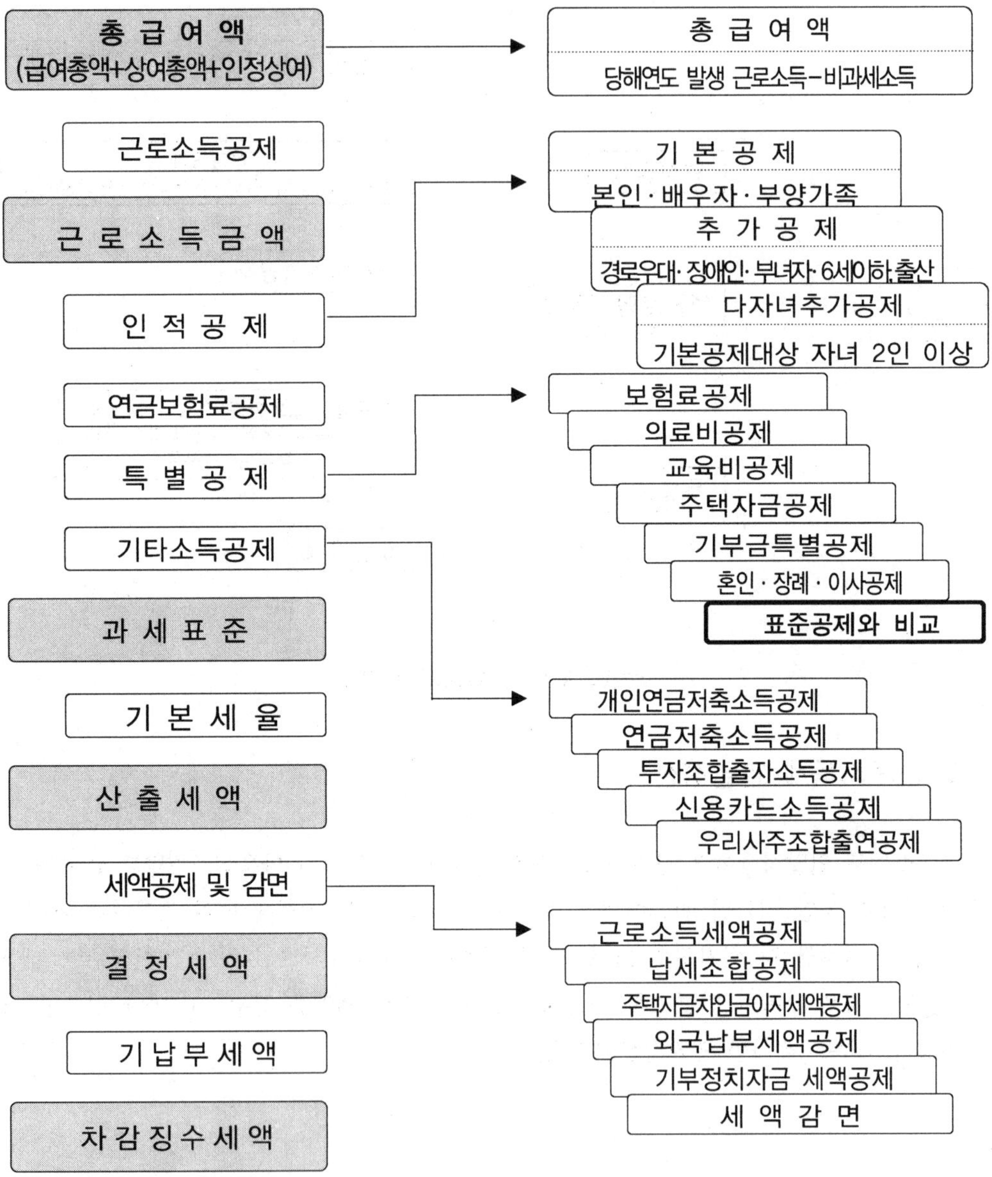

(1) 근로소득공제

근로소득에 대한 필요경비적 성질을 갖는 공제로서, 모든 직장인에게 일률적인 방법으로 다음의 금액을 무조건 공제하여 준다.

총 급 여 액	공 제 액
500만원 이하	총급여 × 80%
500만원 초과 1,500만원 이하	400만원 + (총급여 - 500만원) × 50%
1,500만원 초과 3,000만원 이하	900만원 + (총급여 - 1,500만원) × 15%
3,000만원 초과 4,500만원 이하	1,125만원 + (총급여 - 3,000만원) × 10%
4,500만원 초과	1,275만원 + (총급여 - 4,500만원) × 5%

(2) 소득세의 소득공제

소득공제란 과세대상 소득 중에서 일정금액을 공제하여 주는 것을 말하며 여기에는 인적공제(기본공제, 장애인공제, 경로우대공제), 근로소득공제, 기타 특별공제로 구분한다.

① 인적공제 : 생계를 같이하는 가족 구성원에 대한 기초생계비적인 성질을 갖는 것으로 납세자 본인과 그 가족들의 최저생활비를 과세대상에서 제외시켜 줌으로서 세부담을 덜어주는 제도를 말한다.

❋ 기본공제 : 부양가족 수에 따라 1인당 연 150만원을 공제하여 주는 제도로서 세부적인 기준은 다음과 같다.

O 거주자 본인

O 배우자(연 소득금액 100만원 이하인자, 급여 500만원)

O 부양가족 : 거주자와 생계를 같이하는 다음의 하나에 해당하는 부양가족(외조부모, 외손 자녀 포함)으로서 1년 동안 벌어들인 소득금액이 100만원 이하인 자, 장애인은 나이에 상관 없음

O 직계존속(배우자의 직계존속 포함): 60세 이상인 자

O 직계비속 및 입양자로서 20세 이하인 자

O 형제자매 : 20세 이하 또는 60세 이상인 자

O 국민기초생활보호대상자(연령제한 없음)

❋ 추가공제 : 경로우대자, 장애인 등 생계를 같이하는 자 중에서 자생력이 부족한 부양가족 기본공제대상자가 경로우대자나 장애인 등의 경우 기본공제 외에 추가로 공제를 하여주는 제도로서 세부적인 기준은 다음과 같다.

O 경로우대자공제 : 70세 이상 : 100만원을 인원제한 없이 추가공제

※경로우대 추가대상자 중 기초노령연금 수혜자인 경우 추가공제 대상에서 배제

O 장애인공제 : 연령에 관계없이 1인당 연 200만원 추가공제

O 부녀자 공제 : 소득자 본인이 배우자가 없는 여성으로서 부양가족이 있는 세대주이거나 배우자가 있는 여성인 경우에 기본공제 외에 50만원을 공제

O 자녀양육비공제 : 6세 이하의 직계비속(외손자녀 포함)을 둔 경우 1인당 100만원을 추가로 공제하여 주는 제도를 말한다.

* 다자녀추가공제 : 기본공제대상에 해당하는 자녀가 2인인 경우나 2인을 초과하는 경우에 추가로 소득공제를 해 줌으로서 출산장려를 독려하는 효과를 기대하기 위한 제도로서 세부적인 기준은 다음과 같다.

O 다자녀추가공제 : 다자녀가구 세금부담 경감목적 근로소득이나 사업소득이 있는 거주자의 기본공제대상자에 해당하는 자녀가 2인인 경우 연 100만원, 2인을 초과하는 경우 100만원 + 2인을 초과하는 1인당 연 200만원을 합하여 추가공제

O 출산 · 입양공제 : 1인당 200만원

* 표준공제 : 특별공제를 받을 것이 전혀 없는 근로자의 경우에 100만원을 소득에서 공제 해 주는 제도를 말한다.

② 특별공제 : 근로자들의 필요경비 계산이 어려운 점을 감안하여 다른 소득자와는 달리 보험료. 의료비. 교육비. 장애인특수교육비. 주택자금. 기부금 등을 지급한 증빙을 제출할 경우 소득금액에서 특별히 한도액을 정하여 공제하여 주는 제도로서 세부적인 기준은 다음과 같다.

* 보험료공제 : 근로자가 부담하는 건강보험료, 고용보험료 전액 공제
본인 또는 배우자, 부양가족 명의로 가입한 보험료 100만원 한도공제
장애인 전용 보장성 보험에 가입한 경우 연 100만원까지 공제

* 의료비공제 : 기본공제대상자의 의료비금액이 총급여액 3%에 미달하는 경우 그 미달액을 차감한 금액에 대해 700만원 한도로 공제, 다만 기본공제대상자 중 본인, 65세 이상자, 장애인을 위해 지출한 의료비는 한도 없이 전액 소득공제

* 교육비공제 : 근로자 본인, 배우자, 직계비속, 동거입양자, 형제자매의 교육비
배우자, 직계비속, 입양자, 형제자매 : 1인당 300만원 한도, 대학은 1인당 900만원 한도, 본인 : 전액공제(대학원도 가능)

* 장애인 특수교육비공제 : 전액공제

* 기부금공제

O 기부금 종류 및 공제한도(순서대로 공제)

종 류	공제한도
정치자금기부금	근로소득금액
법정기부금	근로소득금액
특례기부금*1	(근로소득금액 - 정치자금기부금 · 법정기부금공제액) × 50%
우리사주조합기부금	(근로소득금액 - 정치자금기부금 · 법정기부금 · 특례기부금 공제액) × 30%
지정기부금*2 (종교단체 제외)	(근로소득금액 - 정치자금기부금 · 법정기부금 · 특례기부금 · 우리사주조합기부금) × 30%
종교단체 지정기부금	(근로소득금액 - 정치자금기부금 · 법정기부금 · 특례기부금 · 우리사주조합기부금) × 10%

(1) *1 2011.6.30.까지 지출분에 한함(2011.7.1.부터 법정기부금, 지정기부금으로 재분류)
(2) *2 종교단체 지정기부금(10% 한도)을 포함하여 30%를 초과할 수 없음

❋ 표준공제 : 특별공제 중 항목별 공제가 없이 종합소득만이 있는 거주자에게는 필요경비적 성격으로 특별히 연 100만원을 공제

❋ 신용카드 사용금액 소득공제 : 근로자가 사업자로부터 재화나 용역을 제공받고 신용카드 등을 사용하여 지출한 금액에 대해 총급여액의 25%를 초과하는 금액의 20% (25%)를 근로소득에서 공제

O 공제대상 신용카드 등 사용금액

• 기본공제대상자에 해당하는 근로자·배우자·직계존비속의 사용액(나이제한 없음)
• 신용카드 · 직불카드 또는 기명식선불카드, 현금영수증, 직불전자지급수단, 기명식선불전자지급수단을 이용하여 그 대가로 지급하는 금액
• 학원의 수강료 중 지로 납부액

O 공제금액 및 공제한도

• 공제금액 : (신용카드 등 사용금액 - 총급여액의 25%) X 20%(25%)
• 공제한도 : Min(300만원, 총급여액의 20%)

O 공제금액 계산

• 공제금액 = ㉮ + ㉯

㉮ = 초과금액* × [(신용카드 사용액 + 현금영수증 기재금액 + 학원지로납부금액) / 신용카드 등 사용금액] × 20%

㉯ = 초과금액* × [(직불카드 · 기명식선불카드 등 사용금액) / 신용카드 등 사용금액] × 25%

* 초과금액 = 신용카드 등 사용금액 - 총급여액의 25%

❋ 개인연금저축 소득공제 : 저축불입계약기간 만료 후 연금의 형태로 지급을 받는 개인연금저축에 2000년말까지 가입한 경우에는 72만원을 한도로 당해연도의 저축불입액의 40%를 종합소득금액에서 공제

❋ 연금저축 소득공제 : 2001년 1월 1일 이후 가입한 경우 당해 연도의 저축불입액과 400만원 중 적은 금액을 종합소득금액에서 공제

❋ 근로장려세제 : 저소득근로자에 대하여 근로를 장려하고 실질소득을 지원하기 위함을 목적으로 근로와 연계한 근로장려세제는 연간 총소득이 1,700만원 미만이고, 18세 미만의 자녀를 2인 이상 부양하며, 재산의 합계액이 1억원 미만인 무주택근로자가구를 대상으로 적용하며 환급액 계산은 다음과 같다.

<표 3-2> 근로장려금 환급액

총급여액	환 급 액
800만원 미만	총급여액의 10%
800만원 이상 1,200만원 미만	80만원
1,200만원 이상 1,700만원 미만	(1,700만원-총급여액)×16%

❋ 세액공제 : 세액공제란 자진신고납부제도 정착, 저축장려, 근로소득에 대한 배려 등의 목적, 산출세액에서 일정금액을 공제하여 세부담을 덜어준다.

❋ 근로소득세액공제 : 산출세액의 50만원이하는 55%, 50만원 초과분은 세액의 30%를 50만원 한도로 공제

❋ 근로자주식저축세액공제 : 저축한도가 3,000만원 이하인 근로자주식저축에 가입하면 가입액의 5%를 연말정산 때 세액공제(해지시 소급 추징)

※ 근로소득원천징수영수증, 조서 양식 첨부

4) 퇴직소득

퇴직소득(퇴직금)은 근로자가 직장에서 퇴직할 때 퇴직급여지급규정·취업규칙 또는 노사합의에 의하여 지급 받는 퇴직급여, 공무원의 명예퇴직수당, 단체퇴직보험금 등을 말한다.

퇴직소득에 대하여는 소득세와 주민세가 과세되며, 퇴직금 지급 시 그 소속기관이나 사

업자(원천징수의무자)가 이를 원천징수한다.

퇴직으로 인한 소득 중 다음 소득은 소득세를 비과세 하거나 근로소득으로 보아 소득세를 과세하며 구체적인 퇴직소득은 해당 과세기간에 발생한 다음의 소득을 말한다.[3)]

- 퇴직함으로써 받는 소득 중 일시금
  국민연금법 제88조에 따라 사용자가 국민연금기금에 납부하는 종업원의 퇴직금전환금[4)]을 포함하며, 이 경우 퇴직금전환금은 당해 근로자가 현실적으로 퇴직할 때 받는 것으로 봄
- 각종 공무원 및 사립학교 교직원에게 지급되는 명예퇴직수당
- 퇴직함으로써 받는 다음에 해당하는 퇴직보험금 중 일시금
  · 종업원의 퇴직을 보험금의 지급사유로 하고 종업원을 피보험자와 수익자로 하는 보험(단체퇴직보험)의 보험금
  · 퇴직보험 또는 퇴직일시금신탁의 보험금 또는 신탁반환금
- 국민연금법에 의하여 지급받는 반환일시금 또는 사망일시금
  (2002년 1월 1일 이후에 불입된 연금기여금 및 사용자부담금을 기초로 하여 지급받는 일시금에 한함)
- 공무원연금법, 군인연금법, 사립학교교직원연금법 또는 별정 우체국법에 따라 받는 일시금
  (2002년 1월 1일 이후 근로의 제공을 기초로 하여 지급받은 일시금에 한함)

◦ 퇴직소득에는 아래에 해당하는 금액을 포함한다.
- 건설근로자의 고용개선 등에 관한 법률 제17조의 규정에 의하여 퇴직금을 미리 지급한 것으로 보는 금액
- 불특정다수의 퇴직자에게 적용되는 퇴직급여지급규정·취업규칙 또는 노사합의에 의하여 지급받은 퇴직수당·퇴직위로금 기타 이와 유사한 성질의 급여
- 퇴직급여지급규정·취업규칙의 개정 등으로 퇴직금지급제도가 변경됨에 따라 근로자퇴직급여 보장법 제8조 제2항*의 규정에 의하여 퇴직금정산액을 지급하면서 퇴직금

---

3) 국세청 자료

4) 1993년 1월 1일 이후 시행된 퇴직금전환제도(99년 4월 1일 폐지)는 기업이 기적립되어 있는 퇴직급여충당금을 재원으로 기금에 납부는 하지만 실부담자는 근로자로서 근로자는 장래 퇴직시에 받을 퇴직금을 미리 지급받아 사용주를 통하여 기금에 납부하는 형식을 취하며 퇴직금전환금은 퇴직금의 선급으로 보아 근로자가 퇴직시 퇴직일시금과 합산하여 퇴직소득세를 과세한다.
- 퇴직금전환금은 기업의 입장에서는 퇴직급여충당금 적립시 이미 퇴직금전환금상당액을 비용으로 인정받았고, 또한 근로자가 부담하는 퇴직금전환금의 납부행위만을 대행하였을 뿐이므로 퇴직금전환금 납부액을 비용처리할 성질의 것은 아니며,
- 종업원의 입장에서는 장래 퇴직시 받을 퇴직금의 일부를 미리 선급받아 퇴직금전환금을 부담함

지급제도 변경에 따른 손실보상을 위해 지급하는 금액

＊「근로자퇴직급여 보장법」 제8조 제2항
사용자는 근로자의 요구가 있는 경우에는 근로자가 퇴직하기 전에 당해 근로자가 계속 근로한 기간에 대한 퇴직금을 미리 정산하여 지급할 수 있다. 이 경우 미리 정산하여 지급한 후의 퇴직금 산정을 위한 계속 근로기간은 정산시점부터 새로이 기산한다.

- 근로자퇴직급여 보장법에 따라 지급받는 일시금으로 다음에 해당하는 금액

① 퇴직연금제도에서 지급받는 일시금
② 개인퇴직계좌에서 지급받는 일시금
③ 확정기여형퇴직연금제도 및 개인퇴직계좌에서 중도인출되는 금액
④ 연금을 수급하던 자가 연금계약의 중도해지 등으로 지급받는 일시금

- 과학기술인공제회법 제16조 제1항 제1호에 따른 퇴직연금급여로서 일시금으로 지급받는 금액 또는 같은 항 제3호에 따른 과학기술발전장려금으로 지급받는 금액

◦ 해고예고수당 소득구분
- 사용자가 30일전에 예고를 하지 아니하고 근로자를 해고하는 경우 근로자에게 지급하는 「근로기준법」 제26조의 규정에 의한 해고예고수당은 퇴직소득으로 봄

◦ 국민연금법에 의하여 지급받는 반환일시금 또는 사망일시금을 제외한 퇴직소득은 거주자·비거주자 또는 법인의 종업원이 현실적으로 퇴직함으로써 받는 소득에 한함
- 현실적인 퇴직의 범위
다음의 어느 하나에 해당하는 사유로 퇴직급여지급규정·취업규칙 또는 노사합의에 의하여 퇴직금을 실제로 받는 경우에는 현실적 퇴직으로 봄(해당 법인과 직접 또는 간접으로 출자관계에 있는 법인에의 전출은 현실적인 퇴직으로 보지 아니할 수 있음)
·종업원이 임원으로 취임한 경우
·법인의 합병·분할 등 조직변경 또는 사업양도가 이루어진 경우
·법인의 상근임원이 비상근임원이 된 경우
·종업원이 근로자퇴직급여 보장법 제8조 제2항의 규정에 의하여 계속 근로한 기간에 대한 퇴직금을 미리 정산하여 받는 경우(임원은 제외)
·법인의 임원에 대한 급여를 연봉제로 전환함에 따라 향후 퇴직금을 지급하지 아니하는 조건으로 그때까지의 퇴직금을 정산하여 지급한 경우

· 법인의 임원이 정관 또는 정관에서 위임된 퇴직급여지급규정에 따라 무주택자의 주택구입 자금마련 등 기획재정부령으로 정하는 사유로 그 때까지의 퇴직금을 정산하여 받은 경우(중간정산시점부터 새로 근무연수를 기산하여 퇴직금을 계산하는 경우만 해당한다)

· 그 외 현실적인 퇴직으로 보는 경우
법인의 직영차량 운전기사가 법인소속 지입차량의 운전기사로 전직하는 경우와 근로자가 사규 또는 근로계약에 의하여 정년퇴직한 후 다음 날 당해 사용자의 별정직 사원(촉탁)으로 채용된 경우

① 비과세 되는 퇴직소득의 내역은 다음과 같다.

산업재해보상보험법에 의하여 수급권자가 지급 받는 요양급여, 휴업급여, 장해급여, 간병급여, 유족급여, 유족특별급여, 장해특별급여 및 장의비 또는 근로의 제공으로 인한 부상, 질병 또는 사망과 관련하여 근로자나 그 유족이 지급 받는 배상, 보상 또는 위자료의 성질이 있는 급여
근로기준법 또는 선원법에 의하여 근로자, 선원 및 그 유족이 지급 받는 요양보상금, 휴업보상금, 상병보상금, 일시보상금, 장해보상금, 유족보상금, 행방불명보상금, 소지품유실보상금, 장의비 및 장제비
공무원연금법, 군인연금법, 사립학교교직원연금법 또는 별정우체국법에 의하여 지급 받는 요양비, 요양일시금, 장해보상금, 사망조위금, 재해부조금 및 재해보상금 또는 신체, 정신상의 장해, 질병으로 인한 휴직기간 중에 받는 급여

② 퇴직소득세의 계산

퇴직소득세는 퇴직급여액에서 퇴직소득공제를 하고, 나머지소득(과세표준)에 대해 소득세율과 근속연수를 적용하여 세액을 계산한다.

퇴직급여액 - 퇴직소득공제 = 과세표준
(과세표준 ×1/근속연수)× 세율 × 근속연수 = 산출세액

③ 퇴직소득공제

퇴직급여액(명예퇴직수당과 단체퇴직보험금을 포함)의 40%에 상당하는 금액을 공제한다.

④ 근속연수에 따른 퇴직소득 공제

근 속 연 수	공 제 액
5년 이하	30만원 × 근속연수
5년 초과 ~ 10년 이하	150만원 + 50만원 × (근속연수 - 5년)
10년 초과 ~ 20년 이하	400 만원 + 80만원 × (근속연수 - 10년)
20년 초과	1,200만원 +120만원 ×(근속연수 - 20년)

⑤ 세율

과 세 표 준	세 율	비 고
1,200만원 이하	6%	
1,200만원 초과 4,600만원 이하	72만원 + 1,200만원 초과액× 15%	
4,600만원 초과 8,800만원 이하	582만원 + 4,600만원 초과액 × 24%	
8,800만원 초과 3억원 이하	1,590만원 + 8,800만원 초과액 × 35%	
3억원 초과	9,010만원 + 3억원 초과액 × 38%	

※ 퇴직소득 세액공제

- 당해 퇴직소득에 대한 산출세액의 45%에 상당하는 금액 (근속연수 ×24만원한도)

5) 양도소득

양도란 자산에 대한 등기 또는 등록에 관계없이 매도, 교환, 법인에 대한 현물출자 등으로 인하여 그 자산이 유상으로 사실상 이전되는 것을 말한다. 이러한 부동산 등을 양도함으로 인하여 얻게 되는 소득을 양도소득이라 한다.

(1) 양도소득세의 적용범위

토지, 건물, 주식, 부동산에 관한 권리(지상권, 전세권, 등기된 부동산임차권) 등을 팔았을 때 발생하는 소득에 대하여 부과하는 세금을 양도소득세라 한다. 양도소득으로 인정하여 양도소득세가 과세되는 범위는 다음과 같다.

① 부동산(토지 또는 건물)의 양도소득

② 건축물

③ 부동산에 관한 권리(부동산을 취득할 수 있는 권리, 지상권, 전세권, 등기된 부동산 임차권)의 양도소득

④ 골프이용권 등 특정시설물 이용권

⑤ 주식 또는 출자지분의 양도소득

⑥ 기타자산(사업용 고정자산과 함께 양도하는 영업권, 특정시설물 이용권·회원권 등)의 양도소득

(2) 실지거래가액에 의한 세액계산

2007년부터 양도소득세를 계산할 때 부동산을 사고 팔면서 얻은 실제이익(실제양도차익)을 기준으로 하는 「양도소득세 실거래가 과세제도」가 전면적으로 시행됨에 따라 실제 증빙에 의한 실지거래가액으로 양도소득세를 계산하여 신고·납부하여야 한다.

① 실지 양도가액

○ 양도자와 양수자간에 실제로 거래한 가액을 말한다.

② 실지 취득가액

○ 양도자산의 취득에 소요된 실지거래가액을 말한다.
취득에 소요된 실지거래가액이란 소득세법시행령 제89조 제1항의 규정을 준용하여 계산한 취득원가에 상당하는 가액을 말한다.

※ 소득세법시행령 제89조 제1항에서 규정한 취득원가 상당액

- 타인으로부터 매입한 자산 : 매입가액에 취득세·등록세 기타 부대비용을 가산한 금액
- 자기가 행한 제조·생산 또는 건설 등에 의하여 취득한 자산 : 원재료비·노무비·운임·하역비·보험료·수수료·공과금(취득세·등록세 포함)·설치비 기타 부대비용의 합계액

○ 취득가액 계산시 포함되는 것

- 자산을 장기할부조건으로 매입하는 경우에 발생한 채무를 기업회계기준에 따라 현재가치로 평가하여 현재가치할인차금으로 계상한 경우 당해 현재가치할인차금을 포함한다. 단, 양도자산의 보유기간 중에 동 현재가치할인차금의 상각액을 각 연도의 부동산임대소득금액 또는 사업소득금액 계산시 필요경비로 산입하였거나 산입할 금액이 있는 때에는 당해 금액을 공제한다.
- 당사자 약정에 의한 대금지급방법에 따라 취득원가에 이자상당액을 가산하여 거래가액을 확정하는 경우 당해 이자상당액은 취득가액에 포함한다.

③ 기타 필요경비

○ 자본적지출액, 양도비 등 실제 증빙에 의하여 계산한 가액의 합계액을 말한다.

○ 자본적지출액

㈀ 소득세법시행령 제67조 제2항의 규정을 준용하여 계산한 자본적 지출액

- 「자본적 지출」이라 함은 사업자가 소유하는 감가상각자산의 내용연수를 연장시키거나 당해 자산의 가치를 현실적으로 증가시키기 위하여 지출한 수선비를 말한다.

  이에는 다음 각호의 1에 규정하는 것에 대한 지출을 포함한다.

  1. 본래의 용도를 변경하기 위한 개조
  2. 엘리베이터 또는 냉난방장치의 설치
  3. 빌딩 등의 피난시설 등의 설치
  4. 재해 등으로 인하여 건물·기계·설비 등이 멸실 또는 훼손되어 당해 자산의 본래 용도로의 이용가치가 없는 것의 복구
  5. 기타 개량·확장·증설 등 제1호 내지 제4호와 유사한 성질의 것

(ㄴ) 양도자산을 취득한 후 쟁송이 있는 경우

그 소유권을 확보하기 위하여 직접 소요된 소송비용·화해비용 등의 금액으로서 그 지출한 연도의 각 소득금액의 계산에 있어서 필요경비에 산입된 것을 제외한 금액

(ㄷ) 양도자산의 용도변경·개량 또는 이용편의를 위하여 지출한 비용

○ 양도비 등(증권거래세, 양도소득세 신고서 작성비용, 소개비)

☞ 비교 : 취득자금으로 활용된 은행대출이자 등은 필요경비에 해당하지 않음

참 고 사 항 1

○ 1세대 1주택 비과세요건을 갖춘 고가주택은 실지양도가액 중 9억원을 초과하는 부분에 상당한 양도차익만을 과세

※ 고가주택 : 주택 및 이에 부수되는 토지의 양도당시 실지거래 가액이 9억원을 초과하는 것

$$\text{1세대1주택 비과세 요건을 갖춘 고가주택의 양도차익} = \text{전체 주택의 실가 양도차익} \times \frac{\text{실지양도가액} - \text{9억원}}{\text{실지양도가액}}$$

- 10년이상 보유한 1세대 1주택의 경우 80%의 장기보유특별공제율 적용

○ 신축주택의 취득자에 대한 양도소득세 감면시 감면세액 계산

※ 감면해당 요건은 조세특례제한법 제99조 및 조세특례제한법 제99의 3조에서 별도로 정하고 있습니다.

① 취득일로부터 5년 이내 양도하는 경우 : 100% 감면

② 취득일로부터 5년 경과 후 양도하는 경우
당해 신축주택을 취득한 날부터 5년간 발생한 양도소득금액을 양도소득세 과세대상 소득금액에서 차감

※ 5년간 발생한 양도소득금액

$$\text{양도소득 금액} \times \frac{(\text{취득일부터 5년이 되는 날 기준시가}) - (\text{취득당시 기준시가})}{(\text{양도당시 기준시가}) - (\text{취득당시 기준시가})}$$

※ 감면세액의 20%를 농어촌특별세로 납부하여야 한다.

대주주 요건

○ 양도일이 속하는 사업연도의 직전사업년도 종료일 현재 해당 법인의 주식 등의 합계액의 100분의 3('05.8.5이후 양도분부터 코스닥시장 상장법인의 주식 등과 프리보드의 벤처기업 주식 등의 경우에는 100분의 5. 이하 같음)이상을 소유한 경우의 당해 주주 1인 및 기타주주(국세기본법시행령 제20조에 따른 친족 기타 특수관계에 있는 자)

- 이 경우 직전사업연도 종료일 현재에는 100분의 3에 미달하였으나 그 후 주식 등을 취득함으로써 100분의 3이상을 소유하게 되는 때에는 그 취득일 이후의 주주 1인 및 기타 주주를 포함

○ 주식 등의 양도일이 속하는 사업연도의 직전사업연도종료일 현재 주주 1인 및 기타주주가 소유하고 있는 해당 법인의 주식 등의 시가총액이 100억원('05.8.5 개정내용 : 코스닥상장법인의 주식 등 및 프리보드의 벤처기업 주식 등의 경우에는 50억원, 다만 종전 규정에 의하여 대주주의 요건에 해당되지 아니하는 자가 개정규정에 의하여 대주주의 요건에 해당되는 경우에는 시행일이 속하는 사업연도 종료일까지는 종전규정을 적용)이상인 경우의 당해 주주 1인 및 기타주주

- 시가총액은 다음의 금액을 말함

① 주권상장법인 및 코스닥상장법인의 주식 등 : 주식 등의 양도일이 속하는 사업연도의 직전사업연도종료일 현재의 최종시세가액. 다만, 직전사업연도종료일 현재의 최종시세가액이 없는 경우에는 직전 거래일의 최종시세가액

② ①외의 주식 등 : 소득세법상 기준시가(소령 §165④)

(3) 양도소득세 산출과정

① 양도차익 = 실지양도가액 - 실지취득가액 - 기타필요경비

② 양도소득금액 = 양도차익 - 장기보유특별공제액

③ 양도소득과세표준 = 양도소득금액 - 양도소득기본공제

④ 양도소득세산출세액 = 양도소득과세표준 × 양도소득세율

<양도소득세 세액계산 흐름도>

양 도 가 액	… 실지거래가액
−	
취 득 가 액	… 실지거래가액
−	
필 요 경 비	… 양도비 등 실제경비
⇓	
양 도 차 익	
−	
장기보유특별공제	… (토지·건물의 양도차익) × 공제율
⇓	
양 도 소 득 금 액	
−	
양 도 소 득 기 본 공 제	… (연간 250만원 한도, 미등기 양도자산은 적용 배제)
⇓	
양 도 소 득 과 세 표 준	
×	
세 율	…
⇓	
산 출 세 액	
−	
감면세액	…조세특례제한법상 감면세액 등
−	
예정신고납부세액공제	…1. 2010년 양도분의 경우 5% 공제 (한도 : 291천원, 수용 등 사업인정고시일이 '09년 이전인 부동산은 한도액 미적용) …2. 2년 미만 보유 부동산 및 부동산을 취득할 수 있는 권리 및 주식 등 부동산 이외 자산은 적용 배제 …3. 2011년 이후 양도분의 경우 예정신고세액공제가 전면폐지됨에 따라 적용배제
⇓	
자진납부할 세액	

(4) 세부내용

① 양도가액

- 토지, 건물, 부동산에 관한 권리 : 실지거래가액
- 고급주택·미등기양도자산·1년미만 보유 부동산 : 실지거래가액
- 주식 : 출자지분
- 기타자산 : 실지거래가액

② 필요경비

- 취득가액
- 토지, 건물, 부동산에 관한 권리 : 기준시가
- 고급주택, 부동산을 취득할 수 있는 권리, 미등기양도자산, 1년미만 보유 부동산 : 실지 거래가액
- 자본적 지출액
- 양도비

(5) 개산공제

취득가액 불분명 시 기준시가에 다음의 금액을 가산한다.

① 토지 : 취득당시의 개별공시지가×3%(미등기양도자산 3/1,000)
② 건물 : 취득당시 국세청장이 산정, 고시한 가액×3%(미등기양도자산 3/1,000)
③ 지상권, 전세권, 등기된 부동산임차권(미등기자산 제외) : 취득당시 기준시가 × 7/100
④ 미등기부동산에 관한 권리, 기타자산, 상장 및 비상장주식 : 취득당시 기준시가 × 1/100

(6) 장기보유특별공제

토지, 건물(미등기양도자산 제외)로서 그 자산의 보유기간이 3년 이상인 것에 적용한다.

○ 장기보유특별공제액

= (실지양도가액 - 실지취득가액 - 기타 필요경비)×보유기간에 따른 공제율

<표 3-3> 장기보유특별공제액 계산표

보 유 기 간	1주택[1)]	1주택 외
	09.1.1 이후	08.1.1 이후
3년 이상 4년 미만	24	10
4년 이상 5년 미만	32	12
5년 이상 6년 미만	40	15
6년 이상 7년 미만	48	18
7년 이상 8년 미만	56	21
8년 이상 9년 미만	64	24
9년 이상 10년 미만	72	27
10년 이상	80	30

※ 비과세 여부와 상관없이 양도당시 1주택이면 적용(비거주자는 적용되지 않음)

- 일시적 2주택 등
- 비과세요건 갖춘 고가주택으로 9억 초과 과세되는 주택
- 거주요건 미충족으로 비과세 되지 않는 1주택자

※ 보유기간의 계산방법

① 보유기간은 양도자산의 취득일부터 양도일까지로 계산(초일산입)

② 상속받은 자산을 양도하는 경우에는 상속개시일부터 기산한다.

☞ 비교 : 세율적용을 위한 보유기간 계산시는 피상속인의 취득일부터 기산

③ 소득세법 제97조 제4항이 적용되는 경우(배우자 등 이월과세)에는 증여자가 당해 자산을 취득한 날부터 기산한다.

○ 장기보유특별공제 적용대상

- 3년 이상 보유하고 양도하는 토지·건물에 대하여 적용(미등기제외)

○ 장기보유특별공제 제외대상

㈀ 토지·건물이 아닌 자산

㈁ 보유기간 3년 미만의 부동산

㈂ 미등기 양도자산

㈃ 1세대2(3)주택 이상자가 양도하는 주택

㈄ 비사업용토지

(7) 양도소득기본공제

양도자 1인당 연간 2,500,000원을 공제한다.

(8) 양도소득세의 비과세 또는 감면되는 경우

- 1세대 1주택의 경우로서 보유요건 및 거주요건 등 비과세 요건을 충족한 때에는 양도소득세가 과세되지 않는다.
- 장기임대주택, 신축주택 취득, 공공사업용 토지, 8년 이상 자경농지 등의 경우 감면요건을 충족한 때에는 양도소득세가 감면된다.

(9) 양도소득세의 신고 납부

※ 부동산을 양도한 경우에는 양도일이 속하는 달의 말일부터 2개월 이내에 주소지 관할세무서에 예정신고·납부를 하여야 한다.

＊ 양도시기는 원칙이 대금청산일임(예외적으로 대금청산일 전 소유권이전등기를 한 경우에는 등기접수일이 양도시기가 됨)

※ 2010년부터 예정신고납부세액공제가 폐지되고, 무신고시 가산세가 부과되었다. 다만 2010년까지는 부동산 등 양도시 과세표준 4,600만원 이하 부분에 대해 5%의 예정신고세액공제를 적용(한도액 291천원)하고, 2011년이후 양도부분터는 예정신고세액공제가 전면 폐지된다.

<연도별 • 자산별 양도소득세 예정신고세액 공제와 무신고가산세>

<table>
<tr><th colspan="2" rowspan="2">양도소득세
과세대상 자산</th><th colspan="3">2010년 양도분</th><th rowspan="2">2011.1.1 이후
양도분</th></tr>
<tr><th>예정신고
세액공제율</th><th>한도액</th><th>무신고
가산세율</th></tr>
<tr><td colspan="2">·2년 이상 보유한 부동산 및 권리·기타자산(골프회원권 등)</td><td>5%</td><td>291천원</td><td>10%</td><td rowspan="4">·예정신고 세액공제 없음
·무신고 가산세 20% 적용</td></tr>
<tr><td rowspan="2">·협의매수·수용 부동산</td><td>2년미만</td><td rowspan="2">5%</td><td rowspan="2">한도없음</td><td>20%</td></tr>
<tr><td>2년이상</td><td>10%</td></tr>
<tr><td colspan="2">·주식·미등기 양도
·2년 미만 보유한 부동산 및 권리
·지정지역 3주택 이상자</td><td>없음</td><td>-</td><td>20%</td></tr>
</table>

＊ 지정지역 : 강남·서초·송파구(일반세율+10% 적용)

＊ 양도소득세 무납부시 납부불성실 가산세 연간 10.95% 적용

(10) 확정신고

- 당해연도에 부동산 등을 여러 건 양도한 경우에는 그 다음해 5월 1일부터 5월 31일 사이에 주소지 관할세무서에 확정신고를 하여야 한다.
- 다만, 1건의 양도소득만 있는 자가 예정신고를 마친 경우 확정신고를 하지 않아도 된다.
- 예정신고나 확정신고를 하지 않은 때는 정부에서 결정 · 고지하게 되며, 신고 · 납부를 하지 않은 경우 무신고가산세 20% (또는 40%), 무납부가산세 1일 0.03%를 추가 부담하게 된다

(11) 세율

① 토지 · 건물, 부동산에 관한 권리

<table>
<tr><th colspan="2">구 분</th><th>구 간</th><th>2010. 1. 1. ~ 2011.12.31</th><th>2012.1.1. 이후 양도</th><th>비고</th></tr>
<tr><td rowspan="8">보유기간</td><td rowspan="6">2년 이상</td><td>과세표준</td><td>누진세율</td><td>누진세율</td><td>누진공제</td></tr>
<tr><td>1,200만원이하</td><td>6%</td><td>좌동</td><td>-</td></tr>
<tr><td>4,600만원이하</td><td>15%</td><td>좌동</td><td>108만원</td></tr>
<tr><td>8,800만원이하</td><td>24%</td><td>좌동</td><td>522만원</td></tr>
<tr><td>8,800만원초과</td><td>35%</td><td>35%</td><td>1,490만원</td></tr>
<tr><td>3억원초과</td><td>-</td><td>38%</td><td>2,390만원</td></tr>
<tr><td>1년이상
2년미만</td><td colspan="4">40%</td></tr>
<tr><td>1년미만</td><td colspan="4">50%</td></tr>
<tr><td colspan="2">○ 1세대2주택자의 주택
○ 1세대의 주택과 입주권을 각 1개씩 보유한 경우 그 주택</td><td colspan="4">보유기간 2년 이상 : 누진세율</td></tr>
<tr><td colspan="2" rowspan="2">○ 1세대3주택이상자의 주택
○ 1세대의 주택과 입주권의 합이 3이상인 경우의 그 주택</td><td colspan="2">일반지역</td><td colspan="2">2년이상 : 누진세율</td></tr>
<tr><td colspan="2">지정지역</td><td colspan="2">2년이상 : 누진세율+10%</td></tr>
<tr><td colspan="2" rowspan="2">○ 비사업용토지 등</td><td colspan="2">일반지역</td><td colspan="2">2년이상 : 누진세율</td></tr>
<tr><td colspan="2">지정지역</td><td colspan="2">2년이상 : 누진세율+10%</td></tr>
<tr><td colspan="2">○ 미등기양도</td><td colspan="4">70%</td></tr>
</table>

※ 다주택자 및 비사업용토지에 대한 세율은 참고1, 참고2를 참조

② 기타자산(사업용고정자산과 함께 양도하는 영업권, 특정시설물이용권 및 관련주식 등, 특정주식 등, 부동산과다보유법인의 주식 등)

구 분	2010. 1. 1. ~ 2011.12.31	2012. 1. 1. 이후 양도
보유기간 제한없음	6%~35% 누진세율	6%~38% 누진세율

③ 주식

구 분				2002.1.1 ~ 현재
비상장 주 식	중소기업발행주식			10%
	대기업 발행주식	소액주주 및 대주주 1년이상 보유		20%
		대주주 1년미만 보유		30%
상장 · 코스닥상장 주식	대주주	중소기업발행주식		10%
		대기업발행주식	1년이상 보유	20%
			1년미만 보유	30%
	소액주주 (장내거래)			비과세

<참고 1> 양도시기별 중과세율 적용 (다주택자)

다주택 중과세율

1. 2009.3.16 ~ 2012.12.31. 양도한 경우

구분	소재지	2년이상	2년미만	1년미만
3주택	지정지역	**누진세율 + 10%**	**40%**[*1]	**50%**
	기타지역	누진세율	40%	50%
2주택	모든지역	누진세율	40%	50%

※1 : 40% → 2이상의 세율에 해당하는 때에는 **가장 높은 세액**을 적용(누진세율+10%와 40% 비례세율의 경합시 **세액이 높은 것**을 적용)

※장기보유특별공제 적용(2012.1.1이후 양도 누진세율 적용분)

2. 2009.1.1 ~ 2009.3.15. 양도

구분	2년이상	2년미만	1년미만	비고
3주택	45%	45%	50%	
2주택	누진세율	40%	50%	

※ 장기보유특별공제 배제

3. 2004.1.1 ~ 2008.12.31. 이전 양도

구분	2년이상	2년미만	1년미만	비고
3주택	60%	60%	60%	
2주택	50%	50%	50%	

※ 1세대 3주택 : '04.1.1 ~ '08.12.31

※ 주택과 조합원입주권의 합이 3이상인 경우의 그 주택 : '06.1.1 ~ '08.12.31

※ 1세대 2주택(주택과 조합원입주권을 각각 1개씩 보유한 경우포함) : '07.1.1 ~ '08.12.31

※ 장기보유특별공제 배제

4-1. 2013.1.1. 이후 양도(2008.12.31. 이전 취득분)				
구분	2년이상	2년미만	1년미만	비고
3주택	60%	60%	60%	
2주택	50%	50%	50%	

※ 지정지역과 기타지역 구분없음, 장기보유특별공제 적용

4-2. 2013.1.1. 이후 양도(2009.1.1. ~ 2009.3.15. 취득분)				
구분	2년이상	2년미만	1년미만	비고
3주택	45%	45%	50%	
2주택	누진세율	40%	50%	

※ 지정지역과 기타지역 구분없음, 장기보유특별공제 적용

4-3. 2013.1.1. 이후 양도(2009.3.16 ~ 2012.12.31. 취득분)				
구분	2년이상	2년미만	1년미만	비고
3주택	누진세율	40%	50%	
2주택	누진세율	40%	50%	

※ 지정지역과 기타지역 구분없음, 장기보유특별공제 적용

<참고 2> 양도시기별 중과세율 적용 (비사업용토지)

비사업용토지 중과세율

1. 2009.3.16 ~ 2010.12.31. 양도한 경우				
구분	소재지	2년이상	2년미만	1년미만
비사업용 토지	지정지역	**누진세율 + 10%**	**40%[*1]**	**50%**
	기타지역	누진세율	40%	50%

※1 : 40% → 2이상의 세율에 해당하는 때에는 **가장 높은 세액**을 적용(누진세율+10%와 40% 비례세율의 경합시 **세액이 높은 것**을 적용)

※ 장기보유특별공제 배제

(12) 양도소득세 분할납부 및 물납

- 납부할 세액이 1천만원을 초과하는 경우 납부할 세액의 일부를 납부기한 경과 후 2개월 이내에 나누어 낼 수 있다.
- 분할납부할 수 있는 세액
  · 납부할 세액이 2천만원 이하일 경우 : 1천만원을 초과하는 금액
  · 납부할 세액이 2천만원을 초과하는 경우 : 납부할 세액의 1/2 이하의 금액
- 공공사업을 위하여 공공사업시행자에게 토지를 매각하고 그 대금을 공공용지보상채권으로 받는 경우 그 채권으로 양도소득세를 납부할 수 있다.
  · 세액이 1천만원을 초과하는 경우
  · 양도소득세 예정·확정 신고기한 10일 전까지 물납 신청

제4장 법인세

제1절 법인세 회계

1. 법인의 본질

권리·의무의 주체는 자연인이지만 자연인 이외에 법률에 의하여 권리능력이 인정되고 인격이 부여된 법적 인격체로서 자연인과 같이 권리·의무의 주체가 될 수 있는 것이 법인(corporation)이다.

1) 법인세 납세의무가 있는 자는?[1)]

○ 국내에 본점이나 주사무소 또는 사업의 실질적 관리장소를 둔 법인(내국법인)은 국내·외에서 발생하는 모든 소득에 대하여 법인세 납세의무가 있으며

○ 외국에 본점 또는 주사무소를 둔 법인(외국법인)은 국내에서 발생하는 소득 중 법에서 정한 것(국내원천소득)에 한하여 법인세 납세의무가 있다.

2) 어떤 소득에 법인세가 과세되는가?

○ 사업연도마다 법인에 귀속되는 소득에 대하여 "각 사업연도의 소득에 대한 법인세"가 과세되고 내국법인이 해산하거나 '10.6.30. 이전 합병·분할로 인하여 소멸하는 경우 청산소득금액에 대하여는 "청산소득에 대한 법인세"가 과세되며, '10.7.1. 이후 합병·분할의 경우에는 청산소득이 아닌 각 사업연도소득에 대한 법인세가 과세된다.

○ 특정지역에 소재하는 토지 및 건물, 주택 및 부수토지를 양도하거나 비사업용 토지를

1) 국세청 자료

양도하는 경우 "토지 등 양도소득에 대한 법인세"를 추가로 납부하여야 한다.

* 강남 · 서초 · 송파구 소재 주택을 제외한 토지 등을 2009. 3. 16.부터 2012.12.31.까지 양도하거나, 같은 기간에 취득한 토지 등을 양도함으로써 발생하는 소득에 대하여는 토지 등 양도소득에 대한 과세특례 규정을 적용하지 아니함.

○ 다만, 법인의 소득 중에는 조세정책적 또는 사회정책적 목적을 위해 비과세하거나 감면해주는 소득이 법인세법 및 조세특례제한법 등에 열거되어 있으므로 해당 법인은 신고 전에 이를 충분히 검토하여야 한다.

3) 법인구분별 납세의무의 차이는?

법인의 종류		각 사업연도 소득에 대한 법인세	토지 등 양도소득에 대한 법인세	청산소득
내국법인	영리법인	·국내 · 외 모든 소득	○	○
	비영리법인	·국내 · 외 수익사업에서 발생하는 소득	○	×
외국법인	영리법인	·국내원천소득	○	×
	비영리법인	·국내원천소득 중 열거된 수익사업에서 발생한 소득	○	×
국가 · 지방자치단체		납세의무 없음		

국세기본법 제13조 제4항에서 규정하는 "법인으로 보는 단체"의 납세의무는 비영리내국법인의 납세의무와 같다.

2. 영리법인과 비영리법인의 구분

1) 영리법인

○ 상법에 의하여 영리를 목적으로 설립된 주식회사, 합명회사, 합자회사, 유한회사와 특별법에 의하여 영리를 목적으로 설립된 법인을 말하며.

○ 영리법인은 내국법인과 외국법인으로 다시 나누어지는데

- 내국법인은 국내 또는 국외에서 발생한 모든 소득에 대하여 "각 사업연도의 소득에 대한 법인세"의 납세의무가 있으며,
- 외국법인은 원칙적으로 국내에서 발생하는 소득(국내원천소득)에 대한 "각 사업연도의 소득에 대한 법인세"와 지가급등지역에 소재하는 토지· 건물, 주택, 비사업용토지 등 양도소득에 대한 법인세"의 납세의무가 있다.

○ 지가급등지역에 소재하는 토지·건물, 주택, 비사업용토지 등을 양도하는 경우 각 사업연도의 소득에 대한 법인세 외에 "토지 등 양도소득에 대한 법인세"의 납세의무가 있다.

2) 비영리법인

○ 비영리법인이라 함은 다음의 법인과 법인격 없는 사단·재단 기타 단체로서 국세기본법 제13조 제1항 및 제2항의 규정에 의하여 법인으로 보는 단체를 말한다.

- 민법 제32조의 규정에 의하여 설립된 법인
- 사립학교법 기타 특별법에 의하여 설립된 법인으로서 민법 제32조에 규정된 목적과 유사한 목적을 가진 법인

○ "이익을 배당할 수 있는 법인"은 영리법인으로 보는 것이나 다음의 조합법인 등은 이익을 배당할 수 있음에도 특별히 비영리법인으로 보도록 규정하고 있습니다.(영§1, 조특법§104의 7)

◇ 비영리법인으로 보는 조합법인 등

1 법인세법에서 비영리법인으로 규정한 조합법인
- 농·수산업협동조합(조합공동사업법인, 어촌계 포함)과 그 중앙회
- 산림조합(산림계 포함)과 그 중앙회
- 엽연초생산협동조합과 그 중앙회
- 중소기업협동조합법에 의하여 설립된 조합과 그 연합회 및 중앙회
- 신용협동조합과 그 연합회 및 중앙회, 새마을금고와 그 연합회
- 대한염업조합

2 조특법에서 비영리법인으로 규정한 조합법인
- 도시 및 주거환경정비법에 의하여 설립된 정비사업조합

☞ "이익을 배당할 수 있는 법인"이라 함은

자본금(출자금)이 있고, 그 자본금(출자금)이 주식(출자지분)으로 구성되어 있으며, 경영성과를 출자비율에 따라 분배가 가능한 법인을 말한다.

이때 이익배당은 구성원이 탈퇴 시 출자금과 출자비율에 따라 잉여금 등 그 동안의 경영성과를 반환할 수 있는 경우를 포함한다.(통칙 1-0…1)

○ 국세기본법 제13조의 법인으로 보는 단체

- 당연히 법인으로 보는 단체

  다음 각 호의 1에 해당하는 경우로서 수익을 구성원에게 분배하지 아니하는 것은 법인으로 보아 세법을 적용한다.

  ☞ 수익을 구성원에게 분배하지 아니할 것의 요건은 2008.1.1.이후 시행

① 주무관청의 허가 또는 인가를 받아 설립되거나 법령에 의하여 주무관청에 등록한 사단·재단 또는 기타 단체로서 등기되지 아니한 것
② 공익을 목적으로 출연된 기본재산이 있는 재단으로서 등기되지 아니한 것

- 세무서장의 승인에 의해 법인으로 보는 단체

  다음 각호의 요건을 갖춘 것으로서 관할세무서장에게 신청하여 승인을 얻은 단체는 이를 법인으로 보아 세법을 적용한다.

① 사단·재단 기타단체의 조직과 운영에 관한 규정을 가지고 대표자 또는 관리인을 선임하고 있을 것
② 사단·재단 기타단체 자신의 계산과 명의로 수익과 재산을 독립적으로 소유·관리할 것
③ 사단·재단 기타단체의 수익을 구성원에게 분배하지 아니할 것

* 법인으로 보는 단체로 승인을 받은 경우 승인일이 속하는 사업연도와 그 사업연도 종료일로부터 3년이 되는 날이 속하는 사업연도까지는 거주자로 변경할 수 없다. 다만, 세무서장 승인 요건을 갖추지 못하게 되어 승인 취소된 경우는 예외로 한다.

○ 이러한 비영리내국법인은 법인세법에서 열거하는 수익사업 또는 수입에서 생긴 소득(법§3 ③)에 대하여만 "각 사업연도 소득에 대한 법인세"가 과세되고,

- 비영리외국법인은 국내원천소득(법§93) 중 수익사업 또는 수입에서 생긴 소득에 대하여만 "각 사업연도 소득에 대한 법인세"가 과세된다.

○ 또한, 비영리법인도 지가급등지역에 소재하는 토지·건물, 주택, 비사업용토지 등을 양도하는 경우에는 내국법인과 외국법인의 차별 없이 "토지 등의 양도소득에 대한 법인세"의 납세의무가 있다.

<표 4-1> 법인의 분류

<table>
<tr><td rowspan="7">법인</td><td rowspan="5">내국법인</td><td colspan="2">영리법인</td><td>주식·합명·합자·유한회사 및 특별법에 의하여 설립된 법인</td></tr>
<tr><td colspan="2">비영리법인</td><td>- 민법 제32조에 의한 법인
- 사립학교법 등에 의하여 설립된 법인으로 민법 제32조와 유사한 목적을 가진 법인
- 국세기본법에 의한 법인으로 보는 단체
- 정비사업조합</td></tr>
<tr><td rowspan="2">공공법인</td><td>영리법인</td><td>조세특례제한법 제72조에 비영리법인으로 규정한 이외의 공공법인</td></tr>
<tr><td>비영리법인</td><td>조세특례제한법 제72조에 규정하는 공공법인</td></tr>
<tr><td colspan="2">비과세법인</td><td>국가, 지방자치단체(지방자치단체조합 포함)</td></tr>
<tr><td rowspan="2">외국법인</td><td colspan="2">영리법인</td><td></td></tr>
<tr><td colspan="2">비영리법인</td><td>외국법인 중 외국의 정부·지방자치단체 및 영리를 목적으로 하지 아니하는 법인</td></tr>
</table>

3) 법인세의 특징

법인세는 국가가 과세주체이며 과세객체인 법인에게 법인의 소득금액을 과세표준으로 하여 부과하는 조세로서 특징을 살펴보면 다음과 같다.

① 법인세는 국세이다.
② 법인세는 직접세이다.
③ 법인세는 소득에 대하여 부과하는 조세이다.
④ 법인세는 누진세이다.
⑤ 법인세는 신고납세조세이다.
⑥ 순자산증가설에 의한 종합과세이다.
⑦ 기간과세조세이다.
⑧ 보통세이다.

4) 법인세와 소득세의 비교

항 목	법 인 세	소 득 세
순자산증가설	익금불산입을 제외한 모든 거래를 총익금으로, 손금불산입을 제외한 모든 거래를 총손금으로 하여 총익금에서 총손금을 공제한 나머지를 소득금액으로 계산	소득을 종합소득, 퇴직소득, 양도소득으로 구분, 각각의 원천별소득이 아닌 것은 배제
대표자의 급여	법인실체설에 의해 대표자의 인건비(급여, 상여금, 퇴직금)를 필요경비로 인정	자기자본의 환불로 간주, 필요경비로 인정하지 않는다.
유가증권처분손익, 고정자산처분손익	인 정	인정하지 않는다.(양도소득으로 계산)
이자소득, 배당소득	이자소득, 배당소득, 부동산임대소득, 작물재배소득 등 모두 익금산입	인정하지 않는다.
가지급금인정이자	대여금으로 간주, 인정이자 계산	대표자 자본인출로 간주, 인정이자 계산하지 않는다.
지급이자 손금불산입	건설자금이자, 채권자가 불분명한 사채의 이자, 지급받은 자가 불분명한 채권·증권의 이자, 비업무용 부동산 등의 취득 및 보유에 관련된 지급이자	건설자금이자, 채권자가 불분명한 사채이자, 초과인출금에 대한 지급이자, 업무와 무관한 지급이자.
기부금	법정기부금: 소득금액의 50%인정 지정기부금: 소득금액의 5%인정	법정기부금: 소득금액의 100%인정 지정기부금: 소득금액의 10%인정
소득처분	소득귀속자에게 소득세 부과처분	소득처분제도가 없다.
일시상각충당금 설정 자산	보험차익·국고보조금·공사부담금, 합병평가차익, 물적분할·교환으로 인한 양도차익 및 조특법상 준비금에 대하여 일시상각충당금 또는 압축기장충당금 설정	보험차익·국고보조금에 대해서만 일시상각충당금 설정
신고조정, 결산조정	신고조정, 결산조정 모두 허용	결산조정만 허용

5) 법인세액의 계산

법인세액의 계산은 각 사업연도의 소득금액을 계산하고, 과세표준을 산출하고 여기에 해당세율을 적용하여 산출세액을 계산하는 과정이다. 법인세액의 계산과정을 살펴보면

<표 4-2> 법인세액 계산절차

결산서상 당기순이익	(+) (-)	익금산입·손금불산입 손금산입·익금불산입	=	차감소득금액
차감소득금액	(+) (-)	기부금 한도초과액 기부금 손금추인액	=	각 사업연도 소득금액
각 사업연도 소득금액	-	이월결손금 비과세소득 소득공제액	=	과세표준
과세표준	×	세율	=	법인세 산출세액
법인세 산출세액	(-) (+) (+)	공제·감면세액 가 산 세 추가납부세액	=	총 부담세액
총 부담세액	-	기납부세액 (원천징수세액+중간예납세액 +수시부과세액)	=	차감 납부할 세액

<표 4-3> 법인세율 구조

소득종류 법인종류	각사업연도 소득			청산소득		
	과세표준	세율	누진공제	과세표준	세율	누진공제
영리법인	2억 이하	10%	-	2억 이하	10%	-
	2억 초과	22%	2,400만원	2억 초과	22%	2,400만원
비영리법인	2억 이하	10%	-			
	2억 초과	22%	2,400만원			
조합법인	9%			9%		

구분		세율
토지 등 양도소득	「소득세법」 제104조의제2항에 따른 지정지역안의 부동산으로서 대통령령이 정하는 주택(부수토지 포함)을 양도한 경우	10%
	「소득세법」 제104조의제2항에 따른 지정지역안의 부동산으로서 대통령령이 정하는 기간동안 비사업용토지에 해당하는 토지를 양도한 경우	10%
	부동산가격이 급등하거나 급등할 우려가 있어 부동산가격의 안정을 위하여 대통령령으로 정하는 부동산을 양도한 경우	10%

(1) 각 사업연도 소득금액의 계산

각 사업연도 소득금액은 그 사업연도에 속하거나 속하게 될 익금의 총액에서 손금의 총액을 공제하여 계산한다. 법인세법은 간접법에 의하여 과세소득을 산출하도록 하고 있으므로 세무조정이라는 절차를 거치게 되는데 세무조정이란 기업회계에 의한 당기순이익을 법인세법에 의한 과세소득인 각 사업연도 소득으로 바꾸어 주는 일련의 과정을 말한다.

6) 세무조정

세무조정이란 기업이 일반적으로 인정되는 기업회계기준에 의하여 작성한 재무제표상의 당기순손익을 기초로 하여 세법의 규정에 따라 익금과 손금을 조정함으로서 정확한 과세소득을 계산하기 위한 일련의 절차를 세무조정이라 한다. 즉, 기업회계와 세무회계의 차이를 조정하는 절차를 말한다.

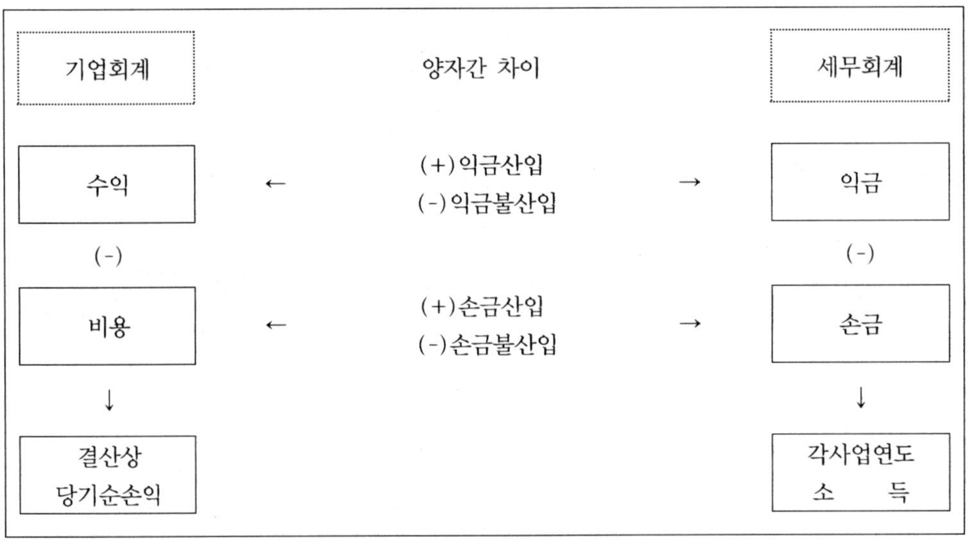

<그림 4-1> 세무조정 흐름도

(1) 결산조정

결산조정이란 결산시 반드시 재무제표에 반영하여야 하는 조정을 말하는 것으로 장부법인의 내부적인 의사결정에 의하여 장부상 비용으로 계상하는 경우에 한해서 세무상 손금으로 인정되는 손금항목을 말한다.

(2) **신고조정**이란 결산서상의 당기순손익을 기초로 법인세 과세표준 및 세액신고서에만 계상해도 되는 조정을 말한다.

<표 4-4> 법인세법상 결산조정항목

구분	결산조정항목	내 용
충당금 준비금	① 대손충당금(법 제34조)	
	② 퇴직급여충당금부채(법 제33조)	단순신고조정 가능
	③ 구상채권상각충당금(법 제35조)	
	③ 일시상각충당금 (또는 압축기장충당금)	
	④ 책임준비금, 계약자배당 준비금 등	
	⑤ 조세특례제한법상 준비금 (고유목적사업 준비금)	잉여금처분에 의한 신고조정 가능
자산의 평가	① 고정자산 감가상각비(법 제23조)	
	② 파손·부패 등으로 인한 재고자산평가손	
	③ 회수불능 매출채권에 대한 대손금	소멸시효 완성분 등 특정한 채권의 대손금은 단순신고조정 가능
	④ 중소기업창업투자회사 등이 보유하는 창업자 등이 발행한 주식의 평가차손	
	⑤ 천재·지변 등에 의한 고정자산 평가차손	
	⑥ 주식 등을 발행한 법인이 파산한 경우 당해 주식 등의 평가차손	

◎ 신고조정항목

장부에 반영하지 아니하여도 법인세 과세표준신고서에 반영하여 소득금액을 계산하는 항목들로서 결산조정항목으로 열거된 것 이외의 것

구 분	관련법규
법인세·주민세 환급금의 익금불산입	법 제18조
이월익금	법 제18조
국세·지방세 과오납 환급이자	법 제18조
무상으로 받은 자산의 가액과 채무의 면제 또는 소멸로 인한 부채의 감소액 중 이월결손금의 보전에 충당한 금액	법 제18조
대표자 등의 가지급금 인정이자	법령 제89조
부동산임대보증금 등에 대한 간주익금의 익금산입	법령 제11조
단체퇴직보험료	법령 제45조
공사부담금으로 취득한 고정자산가액의 손금산입	법 제37조
보험차익으로 취득한 고정자산가액의 손금산입	법 제38조
국고보조금으로 취득한 고정자산가액의 손금산입	법 제36조
법인세·주민세 등의 손금불산입	법 제21조
재고자산평가감의 손금불산입	법령 제43조
임원 상여금 한도초과액의 손금불산입	법령 제43조
비지정기부금의 손금불산입	법 제18조
지정기부금 한도초과액과 미지급기부금의 손금불산입 및 자산계정 기부금의 손금산입	법 제24조
접대비 한도초과액의 손금불산입	법 제25조
기밀비 한도초과액의 손금불산입	부칙 제9조
제충당금·준비금 등 한도초과액의 손금불산입	
감가상각비 부인액의 손금불산입	법 제23조
업무에 직접 관련 없는 경비 등의 손금불산입	법 제27조
부당행위계산 적용에 관계되는 손금의 익금산입 또는 손금 불산입	법 제52조
건설자금이자의 손금불산입(과다하게 장부 계상한 경우의 손금산입)	법령 제52조
임원퇴직금 한도초과액의 손금불산입	법령 제44조
채권자가 불분명한 사채이자의 손금불산입	법 제28조
외화자산·부채에 대한 평가손익의 조정	법령 제76조
손익귀속사업연도의 차이로 인한 익금산입·손금불산입과 손금산입·익금불산입	법 제40조
가지급금·비업무용자산 등 보유에 따른 지급이자의 손금불산입	법 제28조
특별손익에 계상된 전기오류수정손익 중 전기이전에 확정된 것에 대한 손금불산입 및 익금불산입	법령 제79조
최저한세 적용으로 인한 준비금 등의 손금불산입	조특법 제132조
광고선전비의 한도초과액 손금불산입	조특법 제137조
법인의 비업무용 토지에 대한 취득세 중과분의 손금불산입, 환급액의 익금불산입	법 제21조 및 18조
합병차익상당액의 손금산입	법 제44조

7) 각 사업연도 소득금액의 계산

법인의 각 사업연도 소득금액은 기업회계상 당기순이익에 익금산입 및 손금불산입항목을 가산하고 손금산입 및 익금불산입항목을 차감하여 계산한다.

(1) 익금

익금은 기업회계의 수익에 대응되는 세무상 수익의 개념이다. 익금은 자본 또는 출자의 납입 및 세법에서 규정하는 것을 제외하고 그 법인의 순자산을 증가시키는 거래로 인하여 발생하는 수익의 금액이다. 익금항목은 그 자체가 세무조정과정에서 익금산입 항목이 되는 것은 아니다. 법인이 위의 항목을 기간손익 계산에 있어서 당초부터 수익으로 계상하였다면 세무조정과정에서 이를 다시 가산할 필요가 없다. 그러나 익금항목을 익금으로 계상하지 아니하였을 경우에는 세무조정시 익금에 가산하여야 한다. 익금항목의 내용을 열거하면 다음과 같다.

① 사업수입금액
② 자산(주기주식 포함)의 양도금액
③ 자산의 임대료
④ 자산의 평가차익
⑤ 자산수증이익, 채무면제이익
⑥ 이익처분에 의하지 아니하고 손금으로 계상된 적립금액
⑦ 손금에 산입된 금액 중 환입된 금액
⑧ 자본거래 중 특수관계자로부터 부여받은 이익
　㈀ 불공정 합병 : 특수관계자인 법인간의 합병에 있어 주식 등을 시가보다 높거나 낮게 평가하여 불공정한 비율로 합병한 경우
　㈁ 불공정 증자 : 법인의 증자에 있어 신주를 배정받을 수 있는 권리의 전부 또는 일부를 포기하거나 신주를 시가보다 높은 가액으로 인수한 경우
　㈂ 불공정 감자 : 법인의 감자에 있어 주주 소유주식 등의 비율에 의하지 아니하고 일부 주주 등의 주식 등을 소각하는 경우
⑨ 보험업 법인의 구상이익
⑩ 유가증권의 저가매입차액
⑪ 수입배당금액에 대한 간접 외국납부세액
⑫ 배당금 또는 분배금의 의제
⑬ 기준차입금 초과법인의 임대보증금 등의 간주입금

⑭ 폐기물 예치금의 반환금

⑮ 부당행위계산부인

특수관계에 있는 자와의 거래에서 조세부담을 부당히 감소시킨 것으로 인정되는 경우에는 그 법인의 행위 또는 소득금액의 계산을 부인하고 소득금액을 다시 계산하는 제도를 부당행위계산의 부인이라 한다.

(ㄱ) 적용범위 : 부인액은 시가와 대가의 차액이 시가의 5% 이상이거나 3억원 이상인 경우에 적용

(ㄴ) 유형 : 조세부담을 부당하게 감소시키는 유형에는 자산을 시가보다 높게 매입하거나 무수익자산을 매입하는 경우 등과 업무와 관련 없이 대여하여 준 경우 등이다.

⑯ 가지급금 인정이자

(2) 손금

손금은 자본 또는 지분의 환급, 잉여금의 처분 및 세법에서 손금불산입으로 규정한 것을 제외하고 사업연도 중 법인의 순자산을 감소시키는 거래로 인하여 발생하는 손비의 금액이다.

(3) 익금불산입

익금불산입은 자본유지 및 충실화, 중복과세방지, 조세정책 등의 목적으로 각 사업연도에 속하거나 속하게 될 법인의 순자산 증가를 가져오는 항목이지만 세법의 규정에 의해 익금에 산입하여서는 아니될 항목을 말한다. 즉 기업이 당초부터 이를 수익으로 계상하지 아니하였을 경우에는 세무조정에는 아무런 문제가 없지만 기업이 이를 익금으로 계상하였을 경우에는 신고조정으로 기간손익에서 차감하여야 한다.

(4) 손금불산입

법인세법은 익금보다는 손금의 규제에 더 중점을 두고 있으므로 기업회계와 세무회계의 차이는 대부분이 손금불산입 항목으로 인하여 발생한다. 손금불산입은 조세정책적 목적, 조세회피 방지, 조세부담의 적정화 유도 및 조세기술적인 측면 등에서 이를 손금에 산입하지 아니한다.

8) 과세표준의 계산

과세표준은 법인세액의 산정을 하는데 기준이 되는 금액으로 각 사업연도 소득금액에서 법인세법상 공제항목인 이월결손금, 비과세소득과 소득공제를 순차적으로 공제하여 계산한다. 이월결손금은 5년간 이월공제가 허용되나 비과세소득과 소득공제는 이월공제가 허용되지 않는다.

(1) 이월결손금

각 사업연도의 손금총액이 익금총액을 초과하는 경우 이를 각 사업연도의 결손금이라 하며 기업회계상의 결손금(수익-비용)과는 다를 수 있다. 기업의 영속성을 전제로 하여 기업존속기간 전체를 하나의 사업연도라고 한다면 어느 한 사업연도의 결손금은 다른 사업연도의 소득과 합산되어 상쇄되어야 할 것이다. 즉 소득의 발생이 불규칙적이면 규칙적인 법인에 비하여 법인세 부담이 과중하게 된다. 그러므로 사업연도 단위로 과세하는 현행 법인세 체계 하에서는 특정 사업연도에 발생한 결손금을 다른 사업연도에서 발생한 소득에서 공제하여야 할 것이다. 현행 결손금 공제제도는 결손금이 발생하는 경우 소급공제를 먼저 적용하고 미공제 잔액은 차기로 이월한다.

(2) 비과세소득

비과세소득은 조세정책적인 목적으로 법인세 과세대상에서 제외시키는 소득으로 법인세가 과세되지 않을 뿐만 아니라 과세소득에 합산되지 않는 소득을 말한다. 법인세법에서는 공익신탁의 신탁재산에서 생기는 소득을 비과세소득으로 규정하고 있다. 비과세소득은 법인이 이를 우선 익금에 계상하여 각 사업연도 소득금액을 계산한 다음 각 사업연도 소득금액에서 이를 공제한다. 비과세소득은 각 사업연도 소득의 범위 내에서 공제하므로 가 사업연도 소득에서 이월결손금을 공제한 금액을 초과하는 비과세소득은 다음 사업연도로 이월되지 않고 소멸된다.

(3) 소득공제

소득공제는 조세정책적인 목적으로 특정소득에 대하여 과세표준을 계산함에 있어 각 사업연도 소득에서 공제하여 줌으로서 법인세 부담을 덜어주는 제도이다. 소득공제는 공제대상이 되는 이월결손금과 비과세소득이 각 사업연도 소득금액을 초과하지 않을 경우에만 유효하게 법인세를 감소시키는 효과가 있으며, 그렇지 않을 경우에는 이월공제가 허용되지 않기 때문에 소멸된다. 소득공제는 공제받은 소득금액에 대한 법인세 상당액은 최저한세가 적용된다.

9) 산출세액의 계산

법인세 산출세액의 계산은 법인세 과세표준에서 해당세율을 곱하여 산출한다. 여기에 토지 등 양도소득에 대한 법인세가 있는 경우 이를 가산하여야 한다.

10) 납부할 세액의 계산

법인세 납부할 세액은 산출세액에서 세액감면을 차감(최저한세, 기업합리화적립금 검토)하고 가산세와 추가납부세액을 더한 후 기 납부세액(원천징수세액+중간예납세액+수시부과세액)을 차감하면 납부할 세액이 계산된다.

(1) 세액감면

세액감면은 세법에서 정하는 바에 따라 특정소득에 대하여 세금을 면제해 주거나 일정비율만큼 경감해 주는 것으로 면제는 세법에서 규정한 특정소득에 대하여 법인이 과세표준을 신고할 때 면제신청을 하는 경우에 한하여 법인세가 면제된다. 세액감면의 효과는 감면 대상이 되는 소득금액에 당해 납세자의 유효세율을 곱한 금액으로 나타난다. 전액이 면제되지 않고 부분적으로 감면되는 경우는 여기에 감면비율을 고려하면 된다.

(2) 세액공제

세액공제는 산출세액에서 일정세액을 차감한다는 점에서 법인세면제·감면과 동일하나 면제·감면세액이 면제소득에 대한 세액을 공제하는데 비하여, 세액공제는 그 공제대상이 되는 세액을 일정한 산식 내지 비율에 따라 계산하도록 규정하고 있다는 점에서 면제·감면세액과는 구별된다. 세액공제는 가장 직접적인 세금혜택으로 세금혜택금액이 납세자가 부담할 세액에서 1대1로 반영된다. 납세자는 납부하여야 할 세액에서 세액공제를 차감하고 납부하게 된다. 또한 세액공제는 납세자가 서로 다른 한계세율에 처하게 되더라도 같은 금액의 세금절약효과를 가져오게 되며 당해 연도에 산출세액이 있는 경우에만 혜택을 주는 것과 당해 연도에 산출세액이 없는 경우 이월공제가 인정되는 것이 있다.

(3) 가산세

가산세는 세법에 규정하는 의무의 성실한 이행을 확보하기 위하여 그 세법에 의하여 산출된 세액에 가산하여 징수하는 금액을 말하며 가산세는 당해 국세의 세목으로 한다. 법인세 과세표준 및 세액을 신고·납부하여야 할 내국법인이 불성실하게 신고·납부하였을 때에는 미달하게 신고한 과세표준에 대한 산출세액의 10~30%를 과소신고 가산세로 부담하게 되고, 당초 신고납부기한으로부터 자진납부일 전일 또는 고지일까지의 기간에 대해 1일 0.03%에 상당하는 금액을 미납부가산세로 추가 납부하게 될 뿐만 아니라 세무조사 대상으로 선정될 수도 있다.

<표 4-5> 영리 내국법인의 과세표준과 세액 계산절차

각사업연도소득계산	결산서상 당기순이익	기업회계상 당기순이익
	(+)익금산입·손금불산입	협의의 세무조정
	(-)손금산입·익금불산입	
	(=)차감소득금액	
	(+)기부금 한도초과액	(+)기부금 한도초과액, (_)기부금 한도초과이월액
	(=)각 사업연도 소득금액	

과세표준계산	각 사업연도 소득금액	
	(-)이월결손금	사업연도 개시일 전 5년 이내에 개시한 사업연도에서 발생한 결손금 중 미공제된 세무상 이월결손금
	(-)비과세소득	공익신탁의 신탁재산에서 발생한 소득 등
	(-)소득공제액	조세특례제한법상 소득공제
	(=)과세표준	

산출세액계산	과세표준	
	(×)세율	과세표준 2억원 이하 : 11% 과세표준 2억원 초과 : 22%
	(=)산출세액	
	(+)토지 등 양도소득에 대한 법인세	지가급등지역의 토지 등 양도한 경우 10%(미등기 토지 등 : 20%), 주택양도소득 30%(미등기주택 : 40%
	(=)산출세액	

납부할세액계산		
	산출세액	
	(-)공제감면세액	최저한세 적용대상(조세특례제한법상 공제감면세액)
	(-)공제감면세액	최저한세 적용대상이 아닌 공제감면세액
	(+)가산세액	
	(=)결정세액	
	(-)기납부세액	원천납부세액, 중간예납세액, 수시부과세액
	(+)감면분 추가납부세액	감면의 사후관리요건 불이행시 추가납부
	(=)차감 납부세액	

3. 법인세의 신고·납부절차

납세자가 세법에서 정하는 과세요건을 충족하게 되면 납세의무가 성립되며, 과세권자인 국가가 납세의무자에게 납세의무의 이행을 청구하는 절차를 거치게 되면 납세의무가 확정된다. 납세의무자가 확정된 세액을 납부함으로서 납세의무는 소멸된다.

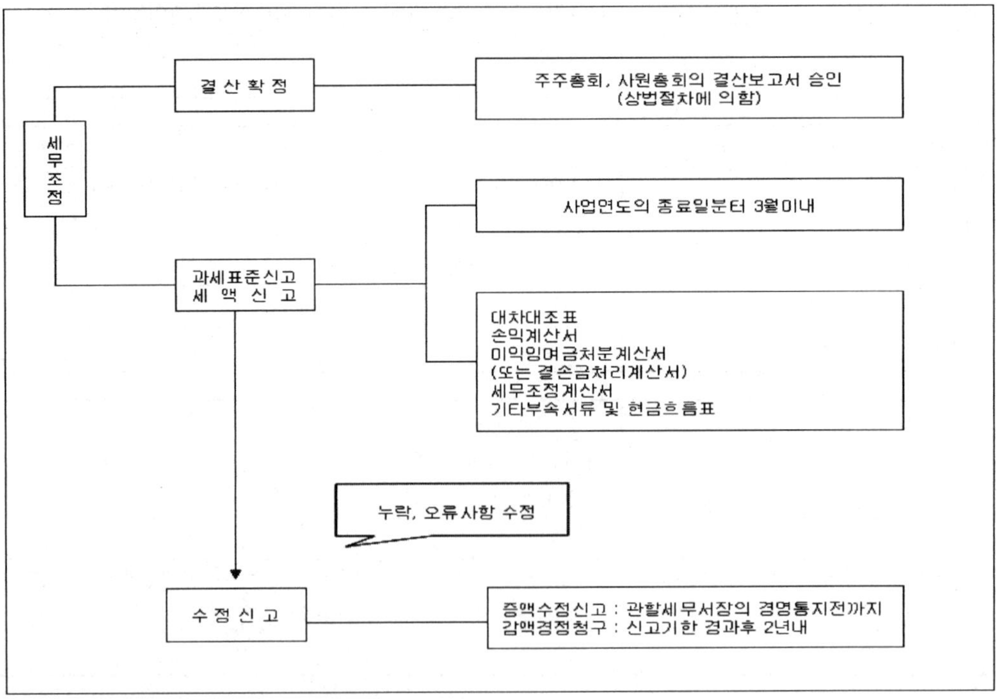

<그림 4-2> 법인세 신고 · 납부절차

4. 과세표준과 세액의 신고 및 납부, 징수

1) 결산의 확정

모든 법인은 사업연도가 종료하면 결산을 확정하여야 한다. 결산확정이라 함은 결산을 완료하여 정기주주총회 또는 사원총회에서 결산보고서의 승인을 받는 절차를 말한다.

2) 법인세의 신고기한

법인은 법인세 과세표준 및 세액신고서를 작성하여 사업연도 종료일로부터 3월 이내에 납세지 관할 세무서장에게 신고·납부하여야 한다. 이 경우 내부조정 및 외부조정 여부와 관련이 없다.[2)]

구 분	법정신고기한	제출대상서류
12월 결산법인	3월31일	1. 법인세과세표준 및 세액신고서 2. 대차대조표 3. 손익계산서 4. 이익잉여금처분계산서(결손금처리계산서) 5. 세무조정계산서 6. 세무조정계산서 부속서류 및 현금흐름표
3월 결산법인	6월30일	
6월 결산법인	9월30일	
9월 결산법인	12월31일	

3) 법인세 신고시 제출서류

각 사업연도 종료일로부터 3월 이내에 법인세 과세표준과 세액을 납세지 관할세무서장에게 신고하여야 한다. 이 경우 소득금액이 없거나 결손금이 있는 법인도 신고의무가 있다. 신고시 필수적 첨부서류와 임의적 첨부서류로 구분되는데 필수적 첨부서류를 첨부하

---

2) 내부(자기)조정이란 회사 스스로 세무조정계산서를 직접 작성하여 조정하는 형태를 말하며, 외부조정이란 회사의 외부인인 세무사(세무사법 제6조의 규정에 의하여 등록한 공인회계사 포함)가 조정을 수행하여 세무조정계산서를 작성하는 형태를 말하는데 법인은 원칙적으로 자기조정과 외부조정을 임의로 선택할 수 있으나 국세청장이 별도로 고시(국세청 고시)하여 지정한 법인은 반드시 외부조정을 하여야 한다.

지 않을 시는 무신고로 본다.

① 필수적 첨부서류 : 기업회계를 준용하여 작성한 대차대조표, 손익계산서, 이익잉여금 처분계산서(또는 결손금처리계산서) 및 세무조정계산서

② 임의적 첨부서류 : 세무조정계산서 부속서류, 현금흐름표, 자본변동표, 특수관계자간 거래명세서

4) 세액의 납부기한 및 납부방법

법인세 과세표준 및 세액신고서에 기재된 납부할 세액을 과세표준 신고기한 내에 은행 또는 우체국에 납부하여야 한다. 이때 지방세인 법인소득할 주민세 또한 별도의 납부서를 이용하여 납부하여야 한다(납부기한 연장의 사유에 해당할 시는 납부기한 연장을 요청할 수 있다).

(1) 법인세의 분납

납부할 법인세액(가산세 및 감면·추가납부세액을 제외한 금액)이 1천만원을 초과하는 경우 다음과 같이 납부기한을 경과일로부터 1월(중소기업의 경우 45일)이내에 분납할 수 있다.

① 납부할 세액이 2천만원 이하인 때 : 1천만원 초과액

② 납부할 세액이 2천만원 초과하는 때 : 50%이하의 금액

(2) 법인세의 물납

공공사업의 시행자에게 양도하거나 수용되어 발생한 양도차익에 대한 법인세 상당액(가산세는 제외, 특별부가세 포함)을 한도로 하며, 토지 등을 양도한 사업연도의 납부세액이 1천만원을 초과하는 경우에 한한다.

※ 물납신청은 법인세 신고기한 10일전까지 관할세무서장에게 신청하여야 하며, 관할세무서장은 법인세 신고기한 전일까지 채권수납가액을 평가하여 그 물납에 대한 결정상황을 통지하여야 한다.

(3) 법인세의 징수

법인세는 각 사업연도 종료일로부터 3월 이내에 법인세 과세표준과 세액을 납세지 관할 세무서장에게 신고하고 세액을 납부하여야 한다. 그러나 법인이 납부하여야 할 법인세액

의 전부 또는 일부를 납부하지 아니한 경우에는 정부는 그 미납된 부분의 법인세액을 그 납부기한이 경과한 날로부터 2월 이내에 징수하여야 한다.

5) 수정신고

신고납세제도를 채택하고 있는 법인세는 납세자가 스스로 법정신고 기한내에 과세표준을 신고하고 세액을 납부하여야 하나, 착오 또는 오류에 의해 과다납부 또는 과소납부하는 경우가 발생한다. 이와 같이 당초 신고내용에 차이가 발생하는 경우 이를 조정하는 제도로 수정신고제도가 있다. 수정신고에는 증액수정신고와 감액수정신고가 있으나 증액수정신고만 인정되고 감액수정신고에 대해서는 체계적인 대책이 마련되어 있지 않아 감액수정신고를 하는 경우에는 경정청구제도를 활용하고 있다.

(1) 수정신고대상

법정 신고기한 내에 법인세 과세표준 및 세액신고서를 제출한 법인이 다음에 해당하는 때에는 수정신고를 할 수 있다.

① 과세표준신고서에 기재된 과세표준 및 세액이 세법에 의하여 신고하여야 할 정당한 과세표준 및 세액에 미달하는 때

② 과세표준신고서에 기재된 결손금액 또는 환급세액이 세법에 의하여 신고하여야 할 정당한 결손금액 또는 환급세액을 초과하는 때

③ 세무조정과정에서 국고보조금 등, 공사부담금 및 토지의 재평가차액에 상당하는 금액을 익금과 손금을 동시에 산입하지 아니하고 신고한 때(경정청구를 할 수 있는 경우에는 제외)

(2) 수정신고기한

관할세무서장이 법인세 과세표준 및 세액을 경정하여 통지를 하기 전까지는 수정신고가 가능하다. 그러나 당초에 법인세 과세표준신고를 하지 아니한 경우에는 수정신고를 할 수 없다.

(3) 수정신고에 의한 가산세의 경감혜택

법정신고기한 경과 후 6개월 이내에 과세표준수정신고를 한 경우에는 최초의 과소신고로 인하여 부과하여야 할 가산세의 50%를 경감한다. 6개월 이후에 수정신고를 한 경우에

는 수정신고의 효력만 발생되고 가산세의 감면효력을 받을 수 없다.

6) 경정청구

경정청구는 법인세의 과소신고 및 과소납부한 경우에 행하는 수정신고와는 달리 당초 신고기한 내에 과다신고, 과다납부한 경우에 감액수정신고의 방법으로 국세기본법 제45조의 2에서 경정청구제도를 도입하여 시행하고 있다.

경정청구는 법정신고기한 경과 후 2년 이내에 관할 세무서장에게 경정청구를 할 수 있다. 세무서장은 경정청구를 받은 날로부터 2월 이내에 과세표준 및 세액을 경정하거나 경정하여야 할 사유가 없다는 뜻을 청구를 한 법인에게 통지하여야 한다.

5. 익금회계·손금회계

1) 익금의 개념

익금은 순자산의 증가를 가져오는 것으로서 법인세법상 수익이라 할 수 있다. 법인세법에서 순자산의 증가를 가져오는 수익은 익금에 산입한다.

2) 익금불산입의 개념

법인의 순자산을 증가시키는 거래로 인한 수익 중에서 자본과세의 방지와 특정목적을 위하여 세법에서 법인의 과세소득계산상 익금에서 제외시키는 항목을 말한다.

※ 익금불산입 항목
① 자본거래로 인한 수익의 익금불산입(법법 제17조)
② 평가차익 등의 익금불산입(법법 제18조)

3) 손금의 개념

손금은 법인세법상 비용이라 할 수 있으며 자본 또는 지분의 환급, 잉여금의 처분 및 법인세법에서 규정하는 것을 제외하고 그 법인의 순자산을 감소시키는 거래로 인하여 발생하는 손비의 금액을 말한다.

4) 손금불산입의 개념

법인의 순자산을 감소시키는 손비에 해당하더라도 법인세법상 손금에서 제외하도록 한 항목을 손금불산입항목이라 한다.

※ 손금불산입 항목

① 법인세비용의 손금불산입(법법 제21조)
② 자산의 평가차손의 손금불산입(법법 제22조)
③ 감가상각비 부인액의 손금불산입(법법 제23조)
④ 기부금의 한도초과액 및 전액손금불산입기부금의 손금불산입(법법 제24조)
⑤ 접대비 한도초과액의 손금불산입(법법 제25조)
⑥ 인건비와 복리후생비 등 과다 지출분의 손금불산입(법법 제26조)
⑦ 업무와 무관한 비용 등의 손금불산입(법법 제27조)
⑧ 지급이자의 손금불산입(법법 제28조)

6. 각종 한도액 계산

1) 접대비 한도액 계산

증빙불비 접대비로서 손금불산입된 것을 제외한 접대비지출액은 기본금액과 매출액에 일정비율을 곱하여 계산한 금액을 접대비 한도액으로 인정하며 이를 초과한 금액을 접대비한도초과액이라 하여 손금불산입(기타사외유출)한다.

(1) 한도액 계산

① 기초금액 : 12,000,000원(중소기업 18,000,000원) × 사업연도월수/12
② 수입금액기준 : (일반수입금액 ×적용율) + (특정수입금액 × 적용율)

한도액 = (1) + (2)

㈀ 기초금액은 중소기업 : 18,000,000원, 일반법인 : 12,000,000원이다.
㈁ 사업연도월수는 역에 따라 계산하되 1월 미만의 일수는 1월로 한다.

㈐ 수입금액은 기업회계기준에 의한 매출액을 말한다. 특정수입금액은 특수관계자와의 거래에서 발생한 수입금액을 말하며 일반수입금액 이외의 수입금액을 말한다.

<표 4-6> 수입금액에 적용할 일정비율

수입금액	적 용 율
100억원 이하	0.2%(2/1,000)
100억원초과 ~ 500억원이하	2천만원 + (100억원 초과수입금액의 0.1%)
500억원 초과	6천만원 +(500억원 초과수입금액의 0.03%)
부동산업·소비성서비스업의 수입 및 특수관계자와의 거래금액	수입금액의 20%

(2) 한도초과액 계산

한도초과액 = (접대비 총액 - 선부인액) - 한도액

(3) 선부인액

① 건당 5만원(경조금은 10만원) 초과 접대비 중 법정증비서류 미수취분 중 손금불산입된 접대비(기타사외유출)

② 건당 50만원 이상분 중 업무관련성이 입증하지 못한 접대비로서 손금불산입된 접대비(사용자에 따라 상여 등으로 처분)

(4) 접대비 한도초과액 : 기타사외유출로 처분

2) 기부금 한도액의 계산

기부금은 법인의 사업과 관련이 없는 지출로 순자산을 감소시키므로 원칙적으로 손금에 산입하지 않아야 한다. 하지만 공익단체의 기부행위 등의 활성화를 위해 다음과 같이 한도액을 정하여 시행하고 있으며, 한도액을 초과한 기부금은 손금불산입한다.

(1) 기분금의 분류

구 분	내 용
법정기부금 (법법24②, 조특법76)	① 국가·지방자치단체에 대한 기부금 ② 국방헌금과 국군장병 위문금품 ③ 천재·지변으로 인한 이재민 구호금품(해외이재민 구호금품 포함) ④ 사립학교, 비영리교육재단, 산학협력단 등에 시설비·교육비·연구비 또는 장학금으로 지출하는 기부금
특례기부금 (조특법73①)	① 문화예술진흥기금으로 출연하는 금액 ② 사립학교가 운영하는 병원·국립대학교병원 등에 시설비·교육비·연구비로 지출하는 기부금 ③ 사회복지공동모금회에 지출하는 기부금 ④ 독립기념관에 지출하는 기부금 ⑤ 종업원의 복지증진을 위하여 사내근로복지기금에 지출하는 기부금 ⑥ 기타 특례기부금
지정기부금 (법령36)	① 사회복지법인 등 법령 소정의 비영리법인 및 단체에 고유목적사업비로 지출하는 기부금 ② 불우이웃돕기를 위하여 지출하는 기부금 등 법령 소정의 특정용도로 지출하는 기부금 ③ 영업자가 조직한 단체로서 법인이거나 주무관청에 등록된 조합 또는 협회에 지급한 특별회비 ④ 위의 조합 및 협회 외에 임의로 조직한 조합 및 협회에 지급한 일반회비 및 특별회비
비지정기부금	법정기부금, 특례기부금, 지정기부금 이외의 기부금 예) 동창회, 종친회, 향우회, 신용협동조합, 새마을금고, 정당 및 국회의원후원회에 대한 정치자금 기부금

(2) 법정기부금 한도액 계산

법정기부금 한도액 = 기준소득금액 × 75%(09.1.1 이후 개시 사업연도 50%)

기준소득금액 = 차감소득금액 + 법정기부금지출액 + 특례기부금지출액 + 지정기부금지출액 - 이월결손금(세무상 결손금으로 5년 이내 발생분)

차감소득금액 =
당기순이익 ± 세무조정(익금산입 및 손금불산입 - 손금산입 및 익금불산입)

① 세무조정

(ㄱ) 법정기부금한도초과액 : 법정기부금지출액 - 법정기부금한도액이 양수인 경우 손금불산입으로 기타사외유출 처분

(ㄴ) 법정기부금한도미달액 : 직전 1년간 법정기부금한도초과액이 있는 경우 그 금액을 당해 사업연도의 한도미달액의 범위 내에서 손금산입(기타)하고, 직전 1년간의 한도초과액이 없는 경우에는 세무조정 없음.

(3) 특례기부금 시부인 계산

① 특례기부금한도액 : (기준소득금액 - 법정기부금손금공제액) × 50%

② 세무조정

(ㄱ) 특례기부금한도초과액 : 특례기부금지출액 - 특례기부금한도액이 양수인 경우 손금불산입으로 기타사외유출 처분

(ㄴ) 특례기부금한도미달액 : 직전 1년간 특례기부금한도초과액이 있는 경우 그 금액을 당해 사업연도의한도미달액의 범위 내에서 손금산입(기타)하고, 직전 1년간의 한도초과액이 없는 경우에는 세무조정 없음.

(4) 지정기부금 시부인 계산

① 법인세법상 지정기부금의 한도액 계산

> 지정기부금 한도액 =
> (기준소득금액 - 법정기부금손금공제액 - 특례기부금손금공제액) × 5%

② 세무조정

(ㄱ) 지정기부금한도초과액 : 지정기부금지출액 - 지정기부금한도액이 양수인 경우 손금불산입으로 기타사외유출 처분

(ㄴ) 지정기부금한도미달액 : 직전 3년간 지정기부금한도초과액이 있는 경우 그 금액을 당해 사업연도의 한도미달액의 범위 내에서 손금산입(기타)하고, 직전 3년간의 한도초과액이 없는 경우에는 세무조정 없음.

(5) 각 사업연도 소득금액 계산

차가감소득금액 + 기부금한도초과액 - 전기 기부금부인액 손금산입액

제5장 상속세 및 증여세

제1절 상속세

1. 상속세[1)]

○ 상속세란 사망으로 그 재산이 가족이나 친족 등에게 무상으로 이전되는 경우에 당해 상속재산에 대하여 부과하는 세금을 말한다. 상속세 납세의무가 있는 상속인 등은 신고서를 작성하여 신고기한까지 상속세를 신고·납부하여야 한다.

○ 구체적으로 상속세 신고·납부의무가 있는 납세의무자에는 상속을 원인으로 재산을 물려받는 "상속인"과 유언이나 증여계약 후 증여자의 사망으로 재산을 취득하는 "수유자"가 있다.

- 상속인이란 혈족인 법정상속인과 대습상속인, 망인의 배우자 등을 말하며, 납세의무가 있는 상속포기자, 특별연고자도 포함된다.
- 민법에서는 상속이 개시되면 유언 등에 의한 지정상속분을 제외하고 사망자(피상속인)의 유산은 그의 직계비속·직계존속·형제자매·4촌 이내의 방계혈족 및 배우자에게 상속권을 부여하고 있다.

1) 상속의 순위 (민법 제1000조)

제1순위	직계비속과 배우자	
제2순위	직계존속과 배우자	제1순위가 없는 경우
제3순위	형제자매	제1, 2순위가 없는 경우
제4순위	4촌 이내의 방계혈족	제1, 2, 3순위가 없는 경우

1) 국세청 자료

· **같은 순위의 상속인이 여러 명인 때에는 피상속인과 촌수가 가장 가까운 상속인을 우선 순위로 하며, 촌수가 같은 상속인이 여러 명인 경우에는 공동 상속된다.**
· **태아**는 상속순위를 결정할 때는 이미 출생한 것으로 본다.
· **배우자**는 직계비속과 같은 순위로 공동상속인이 되며, 직계 비속이 없는 경우에는 제2순위인 직계존속과 공동상속인이 된다. 직계비속과 직계존속이 없는 경우에는 단독 상속된다(민법 제1003조)
· 상속인이 될 직계비속 또는 형제자매가 상속개시전에 사망하거나 결격자가 된 경우에 그 직계비속이 있는 때에는 그 직계비속이 사망하거나 결격된 자의 순위에 가름하여 상속인이 된다(민법 제1001조)

○ 특별연고자나 수유자가 영리법인인 경우에는 당해 영리법인이 납부할 상속세는 면제된다.
○ 피상속인이 거주자이면 국내·외 모든 상속재산에 대하여, 피상속인이 비거주자이면 국내에 있는 재산에 대하여만 상속세가 부과된다.
- 거주자라 함은 국내에 주소를 두거나, 1년 이상 거소를 둔 자로서 가족 및 자산의 유무 등으로 보아 생활근거가 국내에 있는 것으로 보는 개인을 말한다.

2) 상속세 연대납부 책임의 범위

○ 상속인이나 수유자는 세법에 의하여 부과된 상속세에 대하여 각자가 받았거나 받을 재산(= 상속으로 얻은 자산총액-부채총액-상속세)을 한도로 연대하여 납부할 의무가 있다.
- 각자가 받았거나 받을 재산에는 상속재산에 가산하는 증여재산이나 추정상속재산 중 상속인이나 수유자의 지분 상당액이 포함된다.
○ 따라서 상속세 납세의무자 중 일부가 상속세를 납부하지 아니한 경우에는 다른 상속세 납세의무자들이 미납된 상속세에 대하여 자기가 받았거나 받을 재산을 한도로 연대 납부할 책임이 있다.

3) 상속재산의 확인

> 평소의 재산소유에 대하여 그 가족들에게 알려주지 아니한 피상속인이 갑자기 사망한 경우 피상속인의 보유재산에 대하여 정확히 알 수 없다.
> 그러한 경우라도 상속세 및 증여세법 제67조의 규정에 의하여 상속인은 부동산 및 금융재산 등 상속재산에 대해 상속개시일이 속하는 달의 말일부터 6월이내('09.1.1. 이하 상속에 상속세를 신고·납부하게 되어 있으므로 당해 상속재산이 파악되지 않으면 부득이하게 상속세를 제때 신고·납부하지 못하는 경우도 발생할 수 있다.
> 이런 경우에 지방자치단체나 금융감독원을 통하면 다음 상속재산의 소유현황 정보를 제공받을 수 있다.

4) 피상속인의 명의로 된 금융재산 확인

○ 조회대상

- 피상속인 명의의 예금·대출·보증(on-line 전산원장 등록분만 가능)·증권계좌·보험계약·신용카드·가계당좌거래 유무

○ 조회절차

① 금융감독원(지원 출장소 포함), 국민은행 각 지점, 삼성생명 고객 Plaza, 농업협동조합중앙회 및 그 회원조합 영업점에 신청서를 접수

② 각 금융협회를 경유하여 개별 금융회사에 이송

③ 각 금융회사에서 피상속인의 금융거래유무를 조회하여 거래계좌가 있는 경우에 신청인에게 즉시 통보, 거래계좌가 없는 경우에는 협회에서 취합 통보

※ '09.1.15.부터는 은행, 증권, 생명보험, 손해보험의 경우에는 금융감독원 홈페이지(www.fss.or.kr, www.fcsc.kr)에서 조회가능

○ 조회대상 금융회사

- 은행, 증권, 생명보험, 손해보험, 우체국, 새마을금고, 종합금융회사, 상호저축은행, 여신전문금융회사(카드·리스·할부금융·캐피탈·신기술금융), 신용협동조합, 산림조합중앙회, 증권예탁결제원

○ 처리기간

- 개별 금융회사 : 신청일로부터 3~15일(일부 금융회사에서는 전산화 정도에 따라 다소 지연될 수 있음)

○ 신청서류

- 피상속인의 가족관계증명서·기본증명서(또는 제적등본) 및 신청인의 신분증

- 가족관계등록부에 사망사실 등이 기재되지 아니한 경우 : 사망시에는 가족관계증명서와 사망진단서 원본, 실종 또는 심신 상실시에는 기본 증명서 또는 법원판결문(실종선고·금치산선고) 원본

○ 주의사항

- 각 금융기관에서의 접수기준일 현재 조회하며 조회범위는 각 금융 권역별로 차이가 있을 수 있다.
- 각 협회에서 통보하는 내용은 ○○금융기관에 계좌가 존재하다는 사실만이고, 상세한 거래내역, 계좌번호 등은 상속인 등의 각 금융기관을 방문하여 별도의 절차를 밟아 조회신청을 해야한다.
- 금융감독원에 금융기관의 거래정지·해지를 청구할 수 없다.
- 금융거래조회 서비스는 상속인의 확정·상속포기 등과는 관련이 없다.

5) 피상속인의 명의로 된 부동산 확인

○ 조회대상 : 피상속인의 소유 토지(건물은 제외)

○ 조회절차

① 사망한 토지소유자의 재산상속인이 거주지 관할 시·군·구청의 조상땅 찾기 담당부서를 방문하여 신청하면 즉시 조회

② 이름으로만 찾는 경우에는 주소지 관할 시·군·구청의 조상땅 찾기 담당부서에 서류를 제출 신청하면 토지가 있다고 추정되는 지역(광역시·도청)으로 서류를 우편송부, 해당지역에서 결과를 신청인에게 통보

○ 조회대상 지역 : 지역에 관계없이 전국 조회

○ 처리기간

- 주민등록번호로 조회하는 경우에는 즉시, 이름으로 조회하는 경우에는 5~10일

○ 신청서류

- 제적등본(사망일자 및 신청인과의 관계가 명시) 및 신분증

○ 주의사항

- 채권확보·담보물권 확보 등 이해관계인이나 제3자에 대한 개인정보는 조회할 수 없다.

6) 상속재산의 평가

① 상속재산가액의 시가평가

○ 상속재산의 평가는 상속개시일(사망일 또는 실종선고일) 현재의 시가에 의해 평가한다.

- 시가는 불특정 다수인 사이에 자유로이 거래가 이루어지는 경우에 통상 성립된다고 인정되는 가액을 말하는 것으로서, 상속개시일 전후 6월 이내의 기간 중 매매·감정·수용·경매 또는 공매가 있는 경우에는 그 확인되는 가액을 포함한다.
- 다만, 시가를 산정하기 어려운 경우에는 당해 재산의 종류·규모·거래상황 등을 감안하여 규정된 보충적 방법으로 평가한다.

② 시가의 인정범위

- 당해 재산에 대해 매매사실이 있는 경우 : 그 거래가액. 다만, 특수관계자와의 거래 등 그 거래가액이 객관적으로 부당하다고 인정되는 경우에는 제외된다.
- 당해 재산(주식 및 출자지분 제외)에 대하여 2 이상의 공신력 있는 감정기관이 평가한 감정가액이 있는 경우 : 그 감정가액의 평균액
- 당해 재산에 대하여 수용·경매 또는 공매 사실이 있는 경우 : 그 보상가액·경매가액 또는 공매가액. 다만, 물납한 재산을 상속인·수증자 또는 그와 특수관계있는 자가 경매 또는 공매받은 경우 그 경매가액 또는 공매가액은 시가로 보지 아니한다.
- 2011. 1. 1. 이후 상속분부터 상속개시일전 6개월부터 상속세 신고일까지 상속재산과 면적·위치·용도 및 종목이 동일하거나 유사한 다른 재산에 대한 매매가액·감정가액 등이 있는 경우에는 당해 가액을 시가로 본다.

③ 시가적용시 판단기준일

- 상속개시일 전후 6월 이내에 해당하는지 여부는 다음에 해당하는 날을 기준으로 하여 판단한다.
  · 거래가액 : 매매계약일
  · 감정가액 : 감정평가서의 작성일
  · 보상가액 등 : 보상가액 등이 결정된 날
- 시가로 보는 가액이 2 이상인 경우에는 평가기준일로부터 가장 가까운 날에 해당하는 가액에 의한다.

7) 부동산의 보충적 평가

○ 주택 : 「부동산 가격공시 및 감정평가에 관한 법률」에 의한 개별 주택가격 및 공동

주택가격으로 평가

○ 토지 : 개별공시지가에 의하여 평가

○ 일반건물 : 신축가격기준액 · 구조 · 용도 · 위치 · 신축연도 · 개별건물의 특성 등을 참작하여 매년 1회 이상 국세청장이 산정 · 고시하는 가액으로 평가

○ 오피스텔 및 상업용 건물 : 국세청장이 지정하는 지역에 소재하면서 국세청장이 토지와 건물에 대하여 일괄하여 산정 · 고시한 가액이 있는 경우 그 고시한 가액으로 평가하며, 일괄 산정 · 고시한 가액이 없는 경우에는 상기와 같이 토지와 일반건물을 별도로 평가한 가액

8) 유가증권의 평가

○ 상장주식 또는 코스닥상장주식의 평가

- 상장주식 또는 출자지분 : 상속개시일 이전·이후 각 2월간에 공표된 매일의 한국증권선물거래소 최종시세가액(거래실적의 유무를 불문함)의 평균액으로 평가한다.
- 코스닥상장의 주식 또는 출자지분 : 상속개시일 이전·이후 각 2월간에 공표된 매일의 한국증권선물거래소 최종시세가액(거래실적의 유무를 불문함)의 평균액으로 평가한다.

※ 위의 규정을 적용함에 있어서 평가기준일 전후의 기간이 4월에 미달하는 경우에는 동 기간에 대한 최종시세가액의 평균액으로 한다.

※ 평가기준일이 공휴일, 매매거래정지일, 납회기간 등인 경우에는 그 전일을 기준으로 평균액을 계산한다.

○ 비상장주식의 시가평가

- 비상장주식은 상속개시일 전후 6월 이내에 불특정다수인 사이의 객관적 교환가치를 반영한 거래가액 또는 경매·공매가액이 확인되는 경우에는 이를 시가로 보아 평가한다.

※ 감정가액은 시가로 인정되지 아니한다.

○ 비상장주식의 보충적 평가방법

- 원칙 : 1주당 순손익가치와 순자산가치를 각각 3과 2의 비율로 가중평균한 가액으로 평가한다.
  - 1주당 평가액 = (1주당 순손익가치 × 3 + 1주당 순자산가치 × 2) ÷ 5
- 예외 : 자산가액 중 부동산 및 부동산에 관한 권리의 가액이 50% 이상인 법인은 순손익가치와 순자산가치를 각각 2와 3의 비율로 가중평균한 가액으로 평가한다.
  - 1주당 평가액 = (1주당 순손익가치 × 2 + 1주당 순자산가치 × 3) ÷ 5

- 순자산가치로만 평가하는 경우
  - 사업개시전 법인
  - 사업개시후 3년 미만이거나 휴·폐업 중인 법인
  - 최근 3년간 소득이 계속하여 결손인 법인 등
- 1주당 순손익가치의 평가

1주당 순손익가치 = 1주당 최근 3년간 순손익액의 가중평균액 ÷ 국세청장이 고시하는 이자율

※ 국세청장이 고시하는 이자율 : 10% (2000. 4. 3. ~현재)

※ 1주당 최근 3년간 순손익액의 가중평균액의 계산방법
[(평가기준일 이전 1년이 되는 사업연도의 1주당 순손익액 × 3)+(평가기준일 이전 2년이 되는 사업연도의 1주당 순손익액 × 2)+(평가기준일 이전 3년이 되는 사업연도의 1주당 순손익액 × 1)] ÷ 6

- 1주당 순자산가치의 평가

1주당 순자산가치=당해 법인의 순자산가액 ÷ 평가기준일 현재의 발행주식 총수

※ 순자산가액이란 평가기준일 현재의 당해 법인의 자산총액에서 부채총액을 차감한 가액에서 영업권 평가액을 합한 금액을 말한다. 자산의 평가는 평가기준일 현재의 시가에 의하며, 시가가 불분명한 경우 보충적 평가방법으로 평가하되, 그 가액이 장부가액보다 적은 경우에는 장부가액으로 평가한다.

○ 최대주주 등의 주식의 할증평가

- 최대주주 또는 최대출자자 및 그와 특수관계에 있는 주주 또는 출자자의 주식 등에 대하여는 그 평가액에 20%(중소기업 10%)를 가산하되,
  최대주주 등이 당해법인의 발행주식총수 등의 50%를 초과하여 보유하는 경우에는 30%(중소기업은 15%)를 가산한다.

※ 중소기업의 경우 2005. 1. 1. 부터 2012. 12. 31. 까지 상속받는 분에 대하여 최대주주의 주식에 대한 할증평가를 하지 않는다.

9) 저당권 등이 설정된 재산의 평가

○ 평가특례재산의 범위
- 저당권 또는 질권이 설정된 재산
- 양도담보재산
- 전세권이 등기된 재산(임대보증금을 받고 임대한 재산을 포함)

○ 평가방법 : 위의 저당권 등이 설정된 재산의 평가는 시가 또는 보충적 평가 방법으로 평가한 가액과 다음의 규정에 의한 평가액 중 큰 금액으로 한다.
- 저당권(공동저당권 및 근저당권을 제외함)이 설정된 재산의 가액은 당해 재산이 담보하는 채권액
- 공동저당권이 설정된 재산의 가액은 당해 재산이 담보하는 채권액을 공동저당된 재산의 평가기준일 현재의 가액으로 안분하여 계산한 가액
- 근저당권이 설정된 재산의 가액은 평가기준일 현재 당해 재산이 담보하는 채권액
- 질권이 설정된 재산 및 양도담보재산의 가액은 당해 재산이 담보하는 채권액
- 전세권이 등기된 재산의 가액은 등기된 전세금(임대보증금을 받고 임대한 경우에는 임대보증금)

2. 상속세액계산 흐름도

상 속 재 산	※ 상속개시일 현재의 시가에 의해 평가. 단, 시가산정이 어려우면 개별공시지가 등 보충적 평가방법으로 평가 ※ 상속재산으로 보는 보험금 · 신탁재산 · 퇴직금등 포함
+	
추 정 상 속 재 산 가 액	※ 상속개시전 피상속인이 처분하였거나 부담한 채무로써 용도가 객관적으로 명백하지 아니한 일정기준의 금액
–	
비 과 세 재 산 가 액	※ 금양임야 및 묘토, 지정문화재 등
–	
공과금 · 장례비용 · 채무액	
+	
상속개시 전 증여재산가액	※ 상속개시일 전 10년 이내에 피상속인이 상속인에게 증여한 재산가액 및 5년 이내에 피상속인이 상속인이 아닌 자에게 증여한 재산가액 등
–	
과세가액 불산입재산	※ 공익법인 출연재산가액 등
⇓	
상 속 세 과 세 가 액	
–	
상 속 공 제	※ 기초공제 · 배우자공제 · 그 밖의 인적공제 · 일괄공제 · 금융재산 상속공제 · 재해손실공제 · 동거주택 상속공제 - 위의 공제액은 공제적용 한도 내 금액만 공제가능
–	
감 정 평 가 수 수 료	※ 부동산감정평가법인의 수수료는 5백만원 한도 등
⇓	
상 속 세 과 세 표 준	
×	
세 율	(아래 표 참조)
⇓	
산 출 세 액	※(상속세 과세표준 × 세율) - 누진공제액
+	
세 대 생 략 할 증 세 액	※상속인이나 수유자가 피상속인의 자녀가 아닌 직계비속이면 할증됨. 단, 대습상속받는 경우는 할증제외 (예: 부의 사망으로 조부가 손자에게 대습상속시 할증제외)
–	
세 액 공 제 등	※신고세액공제 · 증여세액공제 · 단기재상속세액공제 · 외국납부세액공제 · 문화재 등 징수유예세액
–	
연부연납 · 물납 세액	
⇓	
자 진 납 부 할 세 액	

과세표준	**1억원 이하**	**5억원 이하**	**10억원 이하**	**30억원 이하**	**30억원 초과**
세율	10%	20%	30%	40%	50%
누진공제액	없음	1천만원	6천만원	1억6천만	4억6천만

3. 상속세 신고·납부기한

○ 상속세 납부의무가 있는 자는 상속세 신고서를 상속개시일이 속하는 달의 말일부터 6월 이내에 관할세무서에 제출해야 한다. 상속개시일이 속하는 달의 말일부터 6월이 되는 날이 공휴일·토요일·근로자의 날에 해당되면 그 공휴일 등의 다음날까지 신고·납부하면 된다.

- 피상속인이나 상속인 전원이 외국에 주소(거소)를 둔 경우에는 상속개시일이 속하는 달의 말일부터 9월 이내에 신고·납부하면 된다.

> ※ 상속개시일 '10. 2. 10 → 상속세 신고기한은 '10. 8. 31임
> ※ 상속개시일 '10. 1 .10. → '10. 7. 31이 토요일이므로 신고기한은 '10. 8. 2임

○ 납부하여야 할 상속세는 자진납부서를 작성하여 위의 신고기한 이내에 가까운 은행(국고수납대리점)이나 우체국에 납부하면 된다.

1) 신고기한내 상속세를 신고·납부하지 아니하면 불이익은?

○ 위의 상속세 신고기한 이내에 상속세 신고서를 제출하면 납부하여야 할 상속세액의 10%를 공제 받을 수 있다.

○ 그러나, 상속세 신고기한까지 상속세를 무신고(과소신고)하는 경우에는 10%의 세액공제 혜택을 받을 수 없을 뿐만 아니라 오히려 무(과소)신고가산세를 추가로 부담하게 된다.

- 무신고 가산세 : 법정신고기한 이내에 신고하지 아니한 경우 부과
  · 일반무신고가산세 = 산출세액 × 20%
  · 부당무신고가산세 = 산출세액 × 40%
- 과소신고 가산세 : 법정신고기한 내에 신고하였으나 세법에 따라 신고하여야 할 과세표준에 미달하게 신고한 경우 부과
  · 일반과소신고가산세 = 산출세액 × 10%
  · 부당과소신고가산세 = 산출세액 × 40%

※ 부당 무(과소)신고라 함은 다음 어느 하나에 해당하는 방법을 말한다.
1. 이중장부의 작성 등 장부의 허위기장
2. 허위증빙이나 허위문서(이하 "허위증빙 등"이라 합니다)의 작성
3. 허위증빙 등의 수취(허위임을 알고 수취한 경우에 한한다)
4. 장부와 기록의 파기
5. 재산을 은닉하거나 소득·수익·행위·거래의 조작이나 은폐
6. 그 밖에 국세를 포탈하거나 환급·공제받기 위한 사기 그 밖에 부정한 행위

○ 납부기한내에 국세를 납부하지 아니하거나 납부하여야할 세액에 미달하게 납부하면 납부불성실가산세를 추가로 부담하게 된다.

- 납부불성실 가산세
  = 미납부세액 × 미납일수 × 가산세율 (1일 3/10,000)

* 미납일수 : 납부기한의 다음날부터 자진납부일이나 납세고지일까지의 기간

4. 상속세율

적용연도	과세표준	세율(%)	누진공제
2000.1.1～ 현재	1억이하	10	0
	5억이하	20	1,000만원
	10억이하	30	6,000만원
	30억이하	40	16,000만원
	30억초과	50	46,000만원

5. 신고납부기한

법정신고기한	제 출 대 상 서 류
상속개시일이 속하는 달의 말일부터 6월 이내 - 피상속인이나 상속인 전원이 외국에 주소(거소)를 둔 경우 ⇒상속개시일이 속하는 달의 말일부터 9월 이내	1. 상속세 과세표준신고 및 자진납부계산서 2. 상속재산명세서 및 그 평가명세서 3. 피상속인 및 상속인의 가족관계증명서 4. 공과금·장례비·평가수수료 지급서류 및 채무부담을 입증하는 서류 5. 배우자의 상속재산이 분할된 경우에는 상속재산분할명세서 및 그 평가명세서 6. 그 밖에 상증법에 의하여 제출하는 서류 등(예 : 가업상속공제 신고서 등) ※ 상속인의 가족관계증명서의 경우 담당공무원이 행정정보의 공동이용을 통하여 확인하는 것에 상속인이 동의한 경우에는 제출하지 않는다.

6. 상속세 납부

1) 상속세의 분할납부

○ 상속세는 일시에 납부하는 것이 원칙이나 일시납부에 따른 과중한 세부담을 분산시켜 상속재산을 보호하고 납세의무의 이행을 쉽게 이행하기 위하여, 일정요건이 성립되는 경우에 분할하여 납부할 수 있다. 이 경우 2회에 나누어 내는 것을 분납, 장기간에 걸쳐 나누어 내는 것을 연부연납이라고 한다.

○ 분납

증여세의 납부할 세액이 1천만원을 초과하는 때에는 다음의 금액을 납부기한 경과 후 2개월에 이자 부담없이 나누어 납부할 수 있다.

- 납부할 세액이 2천만원 이하일 때 : 1천만원을 초과하는 금액
- 납부할 세액이 2천만원을 초과하는 때 : 그 세액의 50% 이하의 금액

2) 상속세의 연부연납 신청

○ 상속세의 경우 다음의 요건을 갖춘 경우에는 그 세액의 분할납부를 허가할 수 있다.

- 상속세의 납부세액이 2천만원을 초과하는 경우
- 신고시에는 상속세신고서와 함께 연부연납신청서를 함께 제출하여야 하고, 무신고·과소신고 세액에 대하여는 고지서의 납부기한내에 연부연납을 신청해야 하며 납세담보를 제공하여야 한다.

○ 연부연납기간은 납세의무자가 신청한 기간으로 하되, 아래 기간내에 가능하다.

- 상속재산(사전증여재산·추정상속재산·상속인이 아닌 자에게 유증한 재산 제외) 중 가업상속재산의 차지하는 비율이 100분의 50 이상인 경우에는 연부연납 허가 후 3년이 되는 날부터 12년
- 상속재산(사전증여재산·추정상속재산·상속인이 아닌 자에게 유증한 재산 제외) 중 가업상속재산의 차지하는 비율이 100분의 50 미만인 경우에는 연부연납 허가 후 2년이 되는 날부터 5년
- 가업상속외의 경우에는 연부연납 허가일로부터 5년

○ '09.1.1. 이후 연부연납 신청분부터 납세담보가 확실한 아래 담보인 경우 신청일에 세무서장의 허가를 받은 것으로 간주한다.

- 납세담보가 확실하다고 보는 금전, 국채 또는 지방채, 세무서장이 확실하다고 인정

하는 유가증권(통화안정증권 등), 납세보증보험증권, 세무서장이 확실하다고 인정하는 보증인의 납세보증서

3) 상속받은 재산으로 물납 납부

○ 현금으로 납부하기 곤란한 경우에는 일정요건을 갖추어 세무서장의 승인을 받으면 상속받은 재산으로도 납부(물납)할 수 있다.

○ 물납의 요건

- 상속재산 중 부동산과 유가증권의 가액(비상장주식 등 제외)이 1/2를 초과하고,
- 상속세의 납부세액이 1천만원을 초과하는 경우에는
- 신고분은 신고기한까지, 무신고 또는 과소신고분은 고지서의 납부기한까지 물납신청을 하여야 한다.

※ 비상장주식은 '08.1.1.이후 상속세 물납에서 제외하되, 다른 상속재산이 없는 등 부득이한 경우에는 물납가능하다.

7. 가산세

상속세 및 증여세 가산세요약표 (2007~2010년)		
종 류	부과사유	가 산 세 액
무신고 및 과소신고	일반 무신고	산출세액*(일반무신고 과세표준 / 결정과세표준) *20% * 산출세액 : 세대생략 할증과세 포함
	부당 무신고	산출세액*(부당무신고 과세표준/결정과세표준)*40% * 산출세액 : 세대생략 할증과세 포함
	일반 과소신고	산출세액*(일반과소신고 과세표준 / 결정과세표준) *10% * 산출세액 : 세대생략 할증과세 포함
	부당 과소신고	산출세액*(부당과소신고 과세표준 / 결정과세표준) *40% * 산출세액 : 세대생략 할증과세 포함
	합산신고누락분 가산세 제외	이미 무신고 등으로 신고불성실가산세가 부과된 증여재산에 대해서는 합산신고를 누락하더라도 중복 부과 제외
	과소신고 가산세 제외	* 2007.1.1. 이후 부터 1) 소유권 소송 등으로 미확정 2) 공제적용에 착오 3) 평가가액의 차이
납부불성실	미납.미달납부, 초과환급	미납.미달납부, 초과환급 세액*미납(초과환급) 기간*3/10000 * 미납기간:납부기한 다음날~자진납부일 * 초과환급기간:환급받은 날 다음날~납세고지일 (06.1.1. 이후 납부, 징수분부터 적용)

공익법인 관련	출연재산 계획, 진도보고서 제출 불성실	미제출. 불분명금액의 상당세액 * 1% 한도액 5천만원 적용, 단 중소기업이 아닌 기업은 1억원
	외부전문가 세무확인 및 보고의무 불이행	불이행 금액 * 0.07% 한도액 5천만원 적용, 단 중소기업이 아닌 기업은 1억원
	장부의 작성 및 비치의무불이행	(당해사업연도 수입금액+당해 사업연도 출연받은 재산가액)*0.07%
	특수관계 타법인 주식 보유	보유기준 초과주식 시가*5%
	출연자 등의 이사취임기준 초과	초과이사 임직원 직,간접 경비 전액*100%
	공익법인 광고가산세	특수법인에 대한 부당광고 경비 *100%
	출연재산 운용소득 및 매각대금의 미달 사용분	운용소득, 매각금액 중 미사용금액*10%
	전용계좌 미사용	전용계좌 미사용금액 * 0.5%
	전용계좌 미개설 미신고	1), 2) 중 큰 금액 1) 공익목적 수입금액*0.5% 2) 일정공익사업 관련 수입지출 거래내역 합계액*0.5%
	공시 및 시정요구 기한내 미이행	자산총액 * 0.05%
지급명세서	지급명세서불성실	미제출,불분명지급금액*0.2% 또는 0.02% 한도액 5천만원 적용, 단중소기업이 아닌 기업은 1억원 다만, 고의적으로 위반한 경우에는 한도 없음

상속세 및 증여세 가산세요약표 (2004~2006년)		
종 류	부과사유	가 산 세 액
과소신고	과소신고 금액	산출세액*10%
무신고	무신고, 가공채무·명의신탁·감정기관등과 통모하여 저가평가·재산평가와 공제등의 허위 증빙제출하여 미달신고	산출세액*20%
	가산세 제외	평가차이, 공제착오, 소유권 소송
납부불성실	미납.미달납부, 초과환급	미납세액*미납일수 *3/10000

제2절 증여세

1. 증여세[2)]

증여세란 타인으로부터 재산을 무상으로 받은 경우에 당해 증여재산에 대하여 부과되는 세금을 말한다. 증여를 받은 사람, 즉 수증자는 증여세 납세의무가 있으므로 증여받은 날이 속하는 달의 말일부터 3개월 이내에 주소지 관할세무서에 증여세를 신고, 납부하여야 한다.

1) 증여세를 부과 및 납부 대상

○ 수증자가 거주자이면 거주자가 증여받은 국내·외 모든 증여재산에 대하여, 수증자가 비거주자이면 비거주자가 증여받은 재산 중 국내에 있는 증여재산에 대하여 증여세를 부과한다.

※ 거주자가 비거주자에게 국외재산을 증여하는 경우에는 증여자가 납부할 의무가 있다. (단, 외국의 법령에 의하여 증여세과 부과되는 경우는 제외)

○ 또한, 자산 수증익에 대하여 법인세가 과세되는 영리법인에 대하여는 증여세 납세의무가 없으나, 비영리법인 및 비영리법인으로 보는 법인격이 없는 사단·재단 기타 단체는 증여세 납세의무가 있다.

2) 증여자의 연대납세의무 책임

○ 증여세는 재산을 증여받은 수증자가 납부하는 것이 원칙이지만 수증자가 다음 중 어느 하나에 해당하는 경우에는 수증자가 납부할 증여세에 대하여 증여자가 연대하여 납부할 의무가 있다.

- 수증자의 주소 또는 거소가 분명하지 아니한 경우로서 조세 채권의 확보가 곤란한 경우
- 수증자가 증여세를 납부할 능력이 없다고 인정되는 경우로서 체납처분을 하여도 조세채권의 확보가 곤란한 경우

○ 그러나, 수증자가 증여일 현재 비거주자에 해당하거나 주식 등을 타인 명의로 명의신탁하여 증여세가 부과되는 경우는 위의 사유에 해당하지 않더라도 증여자가 연대하여 납부할 의무가 있다.

2) 국세청 자료

2. 증여재산의 평가

1) 증여재산가액의 시가평가

○ 증여재산의 평가는 증여일 현재의 시가에 의해 평가한다. 다만, 시가를 산정하기 어려운 경우에는 당해 재산의 종류·규모·거래상황 등을 감안하여 규정된 보충적 방법에 의하여 평가한다.

① 시가란

- 시가는 불특정 다수인 사이에 자유로이 거래가 이루어지는 경우에 통상 성립된다고 인정되는 가액을 말하는 것으로서, 증여일 전후 3월 이내의 기간 중 매매·감정·수용·경매 또는 공매가 있는 경우에는 그 확인되는 가액을 포함한다.

② 시가의 인정범위

- 당해 재산에 대해 매매사실이 있는 경우 : 그 거래가액. 다만, 특수관계자와의 거래 등 그 거래가액이 객관적으로 부당하다고 인정되는 경우에는 제외된다.
- 당해 재산(주식 및 출자지분은 제외함)에 대하여 2 이상의 공신력 있는 감정기관이 평가한 감정가액이 있는 경우 : 그 감정가액의 평균액
- 당해 재산에 대하여 수용·경매 또는 공매 사실이 있는 경우 : 그 보상가액·경매가액 또는 공매가액. 다만, 물납한 재산을 증여자·수증자 또는 그와 특수관계 있는 자가 경매 또는 공매 받은 경우 그 경매가액 또는 공매가액은 시가로 보지 아니한다.
- 2011.1.1.이후 증여분부터 증여개시일 전 3개월부터 증여세 신고일까지의 기간 중에 증여재산과 면적·위치·용도 및 종목이 동일하거나 유사한 다른 재산에 대한 매매가액·감정가액 등이 있는 경우에는 당해 가액을 시가로 본다.

③ 시가적용시 판단기준일

- 증여일 전후 3월 이내에 해당하는지 여부는 다음에 해당하는 날을 기준으로 하여 판단한다.
  - · 거래가액 : 매매계약일
  - · 감정가액 : 감정평가서의 작성일
  - · 보상가액 등 : 보상가액 등이 결정된 날
- 시가로 보는 가액이 2 이상인 경우에는 평가기준일로부터 가장 가까운 날에 해당하는 가액에 의한다.

2) 부동산의 보충적 평가

○ 주택 : 「부동산 가격공시 및 감정평가에 관한 법률」에 의한 개별 주택가격 및 공동주택가격으로 평가

○ 토지 : 개별공시지가에 의하여 평가

○ 일반건물 : 일반건물은 신축가격기준액 · 구조 · 용도 · 위치 · 신축연도 · 개별건물의 특성 등을 참작하여 매년 1회 이상 국세청장이 산정 · 고시하는 가액으로 평가

○ 오피스텔 및 상업용 건물 : 국세청장이 지정하는 지역에 소재하면서 국세청장이 토지와 건물에 대하여 일괄하여 산정 · 고시한 가액이 있는 경우 그 고시한 가액으로 평가하며, 국세청장이 일괄하여 산정 · 고시한 가액이 없는 경우에는 상기 내용과 같이 토지와 건물을 별도로 평가한 가액

3) 유가증권의 평가

① 상장주식 또는 코스닥상장주식의 평가

- 상장주식 또는 출자지분 : 증여일 이전·이후 각 2월간에 공표된 매일의 한국증권선물거래소 최종시세가액(거래실적의 유무를 불문함)의 평균액으로 평가한다.
- 코스닥상장의 주식 또는 출자지분 : 증여일 이전·이후 각 2월간에 공표된 매일의 한국증권선물거래소 최종시세가액(거래실적의 유무를 불문함)의 평균액으로 평가한다.

※ 위의 규정을 적용함에 있어서 평가기준일 전후의 기간이 4월에 미달하는 경우에는 동 기간에 대한 최종시세가액의 평균액으로 한다.

※ 평가기준일이 공휴일, 매매거래정지일, 납회기간 등인 경우에는 그 전일을 기준으로 평균액을 계산한다.

② 비상장주식의 시가평가

- 비상장주식은 증여일 전후 3월 이내에 불특정다수인 사이의 객관적 교환가치를 반영한 거래가액 또는 경매·공매가액이 확인되는 경우에는 이를 시가로 보아 평가한다.

※ 감정가액은 시가로 인정되지 아니한다.

③ 비상장주식의 보충적 평가방법

- 원칙 : 1주당 순손익가치와 순자산가치를 각각 3과 2의 비율로 가중평균한 가액으로 평가한다.
- • 1주당 평가액 = (1주당 순손익가치 × 3 + 1주당 순자산가치 × 2) ÷ 5
- 예외 : 자산가액 중 부동산 및 부동산에 관한 권리의 가액이 50% 이상인 법인은 순

손익가치와 순자산가치를 각각 2와 3의 비율로 가중평균한 가액으로 평가한다.

• 1주당 평가액 = (1주당 순손익가치 × 2 + 1주당 순자산가치 × 3) ÷ 5

- 순자산가치로만 평가하는 경우
  • 사업개시전 법인
  • 사업개시후 3년 미만이거나 휴·폐업 중인 법인
  • 최근 3년간 소득이 계속하여 결손인 법인 등
- 순손익가치의 평가

순손익가치 = 1주당 최근 3년간순손익액의 가중평균액 ÷ 국세청장이 고시하는 이자율

※ 국세청장이 고시하는 이자율 : 10% (2000. 4. 3. ~현재)

※ 1주당 최근 3년간 순손익액의 가중평균액의 계산방법
[(평가기준일 이전 1년이 되는 사업연도의 1주당 순손익액 × 3)+(평가기준일 이전 2년이 되는 사업연도의 1주당 순손익액 × 2)+(평가기준일 이전 3년이 되는 사업연도의 1주당 순손익액 × 1)] ÷ 6

- 순자산가치의 평가

순자산가치=당해 법인의 순자산가액 ÷ 평가기준일 현재의 발행주식 총수

※ 순자산가액이란 평가기준일 현재의 당해 법인의 자산총액에서 부채총액을 차감한 가액에서 영업권 평가액을 합한 금액을 말한다. 자산의 평가는 평가기준일 현재의 시가에 의하며, 시가가 불분명한 경우 보충적 평가방법에 의하여 평가하되, 그 가액이 장부가액보다 적은 경우에는 장부가액으로 평가한다.

④ 최대주주 등의 주식의 할증평가

- 최대주주 또는 최대출자자 및 그와 특수관계에 있는 주주 또는 출자자의 주식 등에 대하여는 그 평가액에 20%(중소기업 10%)를 가산하되, 최대주주 등이 당해법인의 발행주식총수 등의 50%를 초과하여 보유하는 경우에는 30%(중소기업은 15%)를 가산한다.

※ 중소기업의 경우 2005. 1. 1. 부터 2012. 12. 31. 까지 증여받는 분에 대하여 최대주주의 주식에 대한 할증평가를 하지 않는다.

4) 저당권 등이 설정된 재산의 평가

① 평가특례재산의 범위
- 저당권 또는 질권이 설정된 재산
- 양도담보재산
- 전세권이 등기된 재산(임대보증금을 받고 임대한 재산을 포함)

② 평가방법

위의 저당권 등이 설정된 재산의 평가는 시가 또는 보충적 평가 방법에 의하여 평가한 가액과 다음의 규정에 의한 평가액 중 큰 금액으로 한다.
- 저당권(공동저당권 및 근저당권을 제외함)이 설정된 재산의 가액은 당해 재산이 담보하는 채권액
- 공동저당권이 설정된 재산의 가액은 당해 재산이 담보하는 채권액을 공동저당된 재산의 평가기준일 현재의 가액으로 안분하여 계산한 가액
- 근저당권이 설정된 재산의 가액은 평가기준일 현재 당해 재산이 담보하는 채권액
- 질권이 설정된 재산 및 양도담보재산의 가액은 당해 재산이 담보하는 채권액
- 전세권이 등기된 재산의 가액은 등기된 전세금(임대보증금을 받고 임대한 경우에는 임대보증금)

3. 증여세 계산구조

	증여세과세가액	(증여재산가액 - 채무액 등)
−	증여재산공제액	
=	증여세과세표준	
×	세율	
=	증여세 산출세액	

1) 증여재산가액

① 증여재산의 범위

○ 증여세 과세대상인 증여재산은 수증자에게 귀속되는 재산으로서 금전으로 환가할 수

있는 경제적 가치가 있는 모든 물건과 재산적 가치가 있는 법률상 또는 사실상의 모든 권리를 포함한다.

② 증여세가 과세되지 않는 경우

○ 증여받은 재산의 당초 증여자에게 반환하는 시기에 따라 증여세 과세방법이 달라진다.

- 신고기한 이내 반환 : 당초 증여 및 반환 모두에 대해 과세제외한다. (단, 세무서장이 과세표준과 세액을 기결정한 경우는 과세)
- 신고기한 경과 후 3월 이내 반환 : 당초 증여에 대해서는 과세하고 반환하는 것에 대하여는 과세하지 않는다.
- 다만, 금전의 경우에는 그 시기에 관계없이 당초 증여·반환에 대해 모두 증여세를 과세한다.

○ 증여세 과세대상 재산이 취득원인 무효의 판결에 의해 그 재산상의 권리가 말소되는 경우에는 증여세를 과세하지 아니하며 과세된 증여세는 취소한다. 다만, 형식적인 재판절차만 경유한 사실이 확인되는 경우에는 그러하지 아니한다.

○ 피상속인의 증여로 인하여 재산을 증여받은 자가 민법의 규정에 유류분 권리자에게 반환한 경우 반환한 재산의 가액은 당초부터 증여가 없었던 것으로 본다.

○ 증여자가 연대납부의무자로서 납부하는 증여세액은 수증자에 대한 증여로 보지 아니하는 것이나, 연대납세의무자에 해당하지 아니하는 경우 수증자를 대신하여 납부한 증여세액은 증여가액에 포함하여 증여세를 부과한다.

2) 비과세 증여재산 및 과세가액 불산입재산

① 비과세 증여재산

○ 상속세 및 증여세법 제46조 규정에서 열거하고 있는 비과세 증여 재산에 대하여는 증여세를 부과하지 않는다.

- 국가 또는 지방자치단체로부터 증여받은 재산의 가액
- 정당법의 규정에 의한 정당이 증여받은 재산의 가액
- 사회통념상 인정되는 이재구호금품·치료비·피부양자의 생활비·교육비, 기타 이와 유사한 것으로서 다음중 어느 하나에 해당하는 가액
  · 학자금 또는 장학금 기타 이와 유사한 금품
  · 기념품·축하금·부의금 기타 이와 유사한 금품으로서 통상 필요하다고 인정되는 금품
  · 혼수용품으로서 통상 필요하다고 인정되는 금품
- 「장애인복지법」에 의해 등록한 장애인 및 「국가유공자등 예우 및 지원에 관한 법률」

에 의하여 등록한 상이자를 수익자로 한 보험의 보험금으로서 연간 4천만원 이하의 보험금 등

② 과세가액 불산입재산

○ 문화의 향상, 사회복지 및 공익의 증진을 목적으로 하는 공익법인 등이 출연받은 재산은 증여세 과세가액에 산입하지 않는다.

- 그러나 공익과 선행을 앞세워 변칙적으로 증여세 탈세수단으로 이용되는 사례를 방지하기 위하여 일정한 요건과 규제조항을 두어 조건부로 과세가액에 불산입한 후 요건의 위배시 증여세를 추징하게 된다.

○ 장애인이 그의 직계존비속과 친족으로부터 재산(신탁업법에 의한 신탁이 가능한 재산으로 금전·유가증권·부동산을 말함)을 증여받은 경우로서 증여세 신고기한 이내에 다음의 요건을 모두 갖춘 때에는 당해 증여받은 재산가액(당해 장애인이 생존기간 동안 증여받은 재산가액이 합계액으로서 5억원 한도)은 증여세 과세가액에 산입하지 않는다.

- 증여받은 재산의 전부를 신탁업법에 의한 신탁회사에 신탁할 것
- 당해 장애인이 신탁의 이익의 전부를 받는 수익자일 것
- 신탁기간이 당해 장애인이 사망할 때까지로 되어 있을 것

3) 채무부담액

○ 증여세과세가액은 증여 당시 증여재산가액의 합계액에서 당해 증여 재산에 담보된 채무(증여재산 관련 임대보증금 포함)로서 수증자가 인수한 금액을 차감하여 계산한다.

- 이때, 수증자가 인수한 채무액 부분은 소득세법 규정에 의한 유상양도에 해당하므로 증여자는 채무액에 상당하는 부분에 대하여 양도소득세 납세의무가 있다.

4) 증여재산가산액

○ 재차증여의 경우 과세가액 계산방법

- 증여자가 동일인 경우 : 당해 증여일 전 10년 이내에 동일인(증여자가 직계존속인 경우에는 그 직계존속의 배우자를 포함함)으로부터 받은 증여재산가액의 합계액이 1천만원 이상인 경우에는 그 가액을 증여세과세가액에 가산한다.
- 증여자가 동일인이 아닌 경우 : 수증자는 동일인이나 증여자가 동일인이 아닌 경우

에는 증여가 있을 때마다 증여자별·수증자별로 과세가액을 계산한다. 단, 증여자가 직계존속인 경우에는 그 직계 존속의 배우자를 동일인으로 보아 가산한다.

5) 증여재산공제 등

① 증여재산공제의 내용

- 거주자인 수증자가 친족으로부터 증여를 받은 때에는 다음의 구분에 따른 금액을 과세가액에서 공제한다.
- 이 경우 당해 증여 전 10년 이내에 공제받은 금액과 당해 증여가액에서 공제받을 금액의 합계액이 다음에 규정하는 금액을 초과하는 경우에는 그 초과하는 부분은 공제하지 아니한다.

> · **배우자**(사실혼 관계에 있는 자 제외)로부터 증여받은 경우 : **6억원**
> · **직계존속** 및 **직계비속**[계부, 계모관계 포함] : **3천만원**
> (다만, **미성년자**가 직계존속으로부터 증여를 받은 경우 **1천5백만원**)
> · **배우자 및 직계존비속이 아닌 친족**으로부터 증여를 받은 경우 : **5백만원**
> (예) 외조부모와 외손자는 직계존비속, 시부모와 며느리는 기타친족임

＊ 단, 증여재산이 조세특례제한법 제30조의5 또는 동법 제30조의6에서 규정하는 창업자금 또는 가업승계용 중소기업주식 등에 해당되는 경우 5억원을 공제함

＊ 창업자금과 가업승계 주식 등의 증여세 과세특례는 중복적용받을 수 없음

＊ 배우자 및 직계존비속이 아닌 친족의 범위는 「상속세 및 증여세법」 시행령 제13조 제9항에 따름

＊ 명의신탁재산으로 증여세를 부담하는 경우에는 증여재산공제 등을 적용하지 않는다.

- 2 이상의 증여가 있는 경우 증여재산공제 방법

· 2 이상의 증여가 그 증여시기를 달리 하는 경우에는 2 이상의 증여 중 최초의 증여세과세가액에서부터 순차로 공제한다.

· 2 이상의 증여가 동시에 있는 경우에는 각각의 증여세 과세가액에 대하여 안분하여 공제한다.

② 재해손실공제

- 증여세 신고기한 이내에 재난으로 인하여 증여받은 재산이 멸실·훼손된 경우에는 그 손실가액을 증여세과세가액에서 공제한다.

4. 세액계산 흐름도

증 여 재 산 가 액
※ 증여일 현재의 시가에 의해 평가. 단, 시가산정이 어려우면 개별공시지가 등 보충적 평가방법으로 평가

−

증 여 세 과 세 가 액 불 산 입 재 산 등
※ 비과세 (사회통념상 인정되는 피부양자의 생활비, 교육비 등) 과세가액 불산입재산 (공익법인 등에 출연한 재산 등)

−

채 무 부 담 액
※ 증여재산에 담보된 채무인수액 (증여재산 관련 임대보증금 포함)

⇓

증 여 세 과 세 가 액

+

10년 이내 증여재산가산액
※ 당해 증여전 동일인으로부터 10년이내에 증여받은 재산의 합계액이 1천만원 이상인 경우 당해 증여재산가액 합계
- 동일인이 증여자의 직계존속이면 그 배우자 포함

−

증 여 재 산 공 제 등
※ 수증자가 **다음의 증여자**로부터 증여받는 경우 적용

증여자	배우자	직계존비속	기타친족	기타
공제한도액	6억원	3천만원 (수증자가 미성년자시 15백만원)	5백만원	없음

- 위 증여재산공제한도는 10년간의 누계한도액임

−

감 정 평 가 수 수 료
※ 부동산감정평가법인의 수수료는 5백만원 한도 등

⇓

증 여 세 과 세 표 준

×

세 율

과세표준	1억원 이하	5억원 이하	10억원 이하	30억원 이하	30억원 초과
세율	10%	20%	30%	40%	50%
누진공제액	없음	1천만원	6천만원	1억6천만	4억6천만

⇓

산 출 세 액
※ (증여세 과세표준 × 세율) - 누진공제액

+

세 대 생 략 할 증 세 액
※ 수증자가 증여자의 자녀가 아닌 직계비속이면 할증함 단, 부의 사망으로 조부가 손자에게 증여시 할증제외

−

세액공제 + 감면세액

신고세액공제(10%)	외국납부세액공제
납부세액공제	영농자녀 증여세 감면등

⇓

자 진 납 부 할 세 액

5. 세율

○ 증여세 산출세액은 과세표준에 세율을 곱하여 계산하는 것이며 세율은 최저 10%부터 최고 50%까지의 5단계 초과누진세율 구조로 되어 있다.

과 세 표 준	세 율	누 진 공 제
1억이하	10%	-
1억원 초과 ~ 5억원 이하	20%	1천만원
5억원 초과 ~ 10억원 이하	30%	6천만원
10억원 초과 ~ 30억원 이하	40%	1억6천만원
30억원 초과	50%	4억6천만원

* 단, 조세특례제한법 제30조의5 또는 동법 제30조의6에서 규정하는 창업자금 또는 가업승계용 중소기업주식 등에 해당시 30억원 한도내에서 10% 특례세율이 적용됨

* 창업자금과 가업승계 주식 등의 증여세 과세특례는 중복적용되지 않음

1) 세대생략 할증세액

① 직계비속에 대한 증여세의 할증과세

- 수증자가 증여자의 자녀가 아닌 직계비속인 경우에는 증여세 산출세액에 30%의 상당하는 금액을 가산한다.
- 다만, 증여자의 최근친인 직계비속이 사망하여 그 사망자의 최근친인 직계비속이 증여받은 경우에는 그러하지 아니한다.

2) 신고세액공제 및 납부세액공제

① 신고세액공제

- 산출세액(세대생략 할증세액 포함)에서 공제세액 등을 차감한 금액에서 10%를 공제한다.

② 납부세액공제

- 10년 이내에 동일인으로부터 증여받은 재산가액을 과세가액에 가산하는 경우 가산한 증여재산의 산출세액과 한도액을 비교하여 작은 금액을 공제한다.

- 한도액

증 여 세 산출세액	$\frac{\text{가산하는 증여재산에 대한 증여세 과세표준}}{\text{합산한 증여세 과세표준}}$

6. 증여세의 납부

1) 증여세의 분할납부

○ 증여세는 일시에 납부하는 것이 원칙이나 일시납부에 따른 과중한 세부담을 분산시켜 증여재산을 보호하고 납세의무의 이행을 쉽게 이행하기 위하여, 일정요건이 성립되는 경우에 분할하여 납부할 수 있다. 이 경우 2회에 나누어 내는 것을 분납, 장기간에 나누어 내는 것을 연부연납이라고 한다.

① 분납

증여세의 납부할 세액이 1천만원을 초과하는 때에는 다음의 금액을 납부기한 경과 후 2개월('08.12.31. 이전 증여받은 경우에는 45일이내)에 이자 부담없이 분납할 수 있다.

- 납부할 세액이 2천만원 이하일 때 : 1천만원을 초과하는 금액
- 납부할 세액이 2천만원을 초과하는 때 : 그 세액의 50% 이하의 금액

② 증여세의 연부연납

○ 증여세의 경우 다음의 요건을 갖춘 경우에는 그 세액의 분할납부를 허가할 수 있다.

· 증여세의 납부세액이 2천만원을 초과하고

- 신고시에는 증여세신고서와 함께 연부연납신청서를 함께 제출하여야 하고, 무신고·과소신고분은 고지서의 납부기한내에 연부연납을 신청해야 하며 납세담보를 제공하여야 한다.

○ 연부연납기간은 5년이내로 납세의무자가 신청한 기간으로 한다.

○ '09.1.1. 이후 연부연납 신청분부터 납세담보가 확실한 아래 담보인 경우 신청일에 세무서장의 허가를 받은 것으로 간주한다.

· 납세담보가 확실하다고 보는 금전, 국채 또는 지방채, 세무서장이 확실하다고 인정하는 유가증권(통안증권 등), 납세보증보험증권, 세무서장이 확실하다고 인정하는

보증인의 납세보증서

2) 증여받은 재산으로 물납 납부

○ 세금은 현금납부를 원칙으로 하나, 증여세의 경우에는 현금으로 납부하기 곤란한 경우에는 일정요건을 갖추어 세무서장의 승인을 받으면 증여 받은 재산으로 납부(물납)할 수 있다.

○ 물납의 요건

- 증여재산 중 부동산과 유가증권의 가액(비상장주식등 제외)이 2분의 1을 초과하고,
- 증여세의 납부세액이 1천만원을 초과하는 경우에는 신고분은 신고기한까지, 무신고 또는 과소신고분은 고지서의 납부기한까지 물납신청을 하여야 한다.

※ 비상장주식으로는 증여세 물납을 할 수 없다.('08.1.1.이후)

3) 증여세의 신용카드 납부

○ 500만원 이하의 증여세에 대하여는 국세납부대행기관(금융결제원)의 인터넷 홈페이지(http://www.cardrotax.or.kr) 및 전국 세무관서에 설치된 신용카드 단말기로 납부할 수 있다.

※ 납부 가능한 신용카드

- 비씨, 신한, 삼성, 현대, 롯데, 국민, 외환, 씨티, 전북은행, 광주은행, 제주은행, 수협은행, 하나카드 등 13개

○ 신용카드로 세금을 납부할 경우 세금 현금납부자와의 형평성을 유지하기 위하여 납부대행수수료(납부세액의 1.2%)는 납세자가 부담해야 한다.

4) 증여세 납부기간

법정신고기한	제 출 대 상 서 류
재산을 증여받은 날이 속하는 달의 말일부터 3월 이내 ※ 증여일 '10. 1. 10 → 증여세 신고기한은 '10. 4. 30일	1. 증여세 과세표준신고 및 자진납부계산서 2. 증여재산 및 그 평가명세서 3. 채무사실 등 기타 입증서류 4. 수증자와 증여자의 관계를 알 수 있는 가족관계증명서

5) 가산세

상속세 및 증여세 가산세요약표 (2007~2010년)

종 류	부과사유	가 산 세 액
무신고 및 과소신고	일반 무신고	산출세액*(일반무신고 과세표준 / 결정과세표준) *20% * 산출세액 : 세대생략 할증과세 포함
	부당 무신고	산출세액*(부당무신고 과세표준/결정과세표준)*40% * 산출세액 : 세대생략 할증과세 포함
	일반 과소신고	산출세액*(일반과소신고 과세표준 / 결정과세표준) *10% * 산출세액 : 세대생략 할증과세 포함
	부당 과소신고	산출세액*(부당과소신고 과세표준 / 결정과세표준) *40% * 산출세액 : 세대생략 할증과세 포함
	합산신고누락분 가산세 제외	이미 무신고 등으로 신고불성실가산세가 부과된 증여재산에 대해서는 합산신고를 누락하더라도 중복 부과 제외
	과소신고 가산세 제외	* 2007.1.1. 이후 부터 1) 소유권 소송 등으로 미확정 2) 공제적용에 착오 3) 평가가액의 차이
납부불성실	미납.미달납부, 초과환급	미납.미달납부, 초과환급 세액*미납(초과환급) 기간*3/10000 * 미납기간:납부기한 다음날~자진납부일 * 초과환급기간:환급받은 날 다음날~납세고지일 (06.1.1. 이후 납부, 징수분부터 적용)
공익법인 관련	출연재산 계획, 진도보고서 제출 불성실	미제출. 불분명금액의 상당세액 * 1% 한도액 5천만원 적용(단, 중소기업이 아닌 경우 1억원)
	외부전문가 세무확인 및 보고의무 불이행	불이행 금액 * 0.07% 한도액 5천만원 적용(단, 중소기업이 아닌 경우 1억원)
	장부의 작성 및 비치의무불이행	(당해사업연도 수입금액+당해 사업연도 출연받은 재산가액)*0.07%
	특수관계 타법인 주식 보유	보유기준 초과주식 시가*5%
	출연자 등의 이사취임기준 초과	초과이사 임직원 직,간접 경비 전액*100%
	공익법인 광고가산세	특수법인에 대한 부당광고 경비 *100%
	출연재산 운용소득 및 매각대금의 미달 사용분	운용소득, 매각금액 중 미사용금액*10%
	전용계좌 미사용	전용계좌 미사용금액 * 0.5%
	전용계좌 미개설 미신고	1), 2) 중 큰 금액 1) 공익목적 수입금액*0.5% 2) 일정공익사업 관련 수입지출 거래내역 합계액*0.5%
	공시 및 시정요구 기한내 미이행	자산총액 * 0.05%
지급명세서	지급명세서불성실	미제출,불분명지급금액*0.2% 또는 0.02% 한도액 5천만원 적용(단, 중소기업이 아닌 경우 1억원) 다만, 고의적으로 위반한 경우에는 한도 없음

chart 4

기업경영의 이해

제1장 기업경영

기업의 이해관계자(투자자, 채권자, 거래처, 금융기관, 정부 등)는 기업의 경영에 대한 이해를 하는데 많은 연구와 노력이 필요하다.

기업과 이해관계형성이 되기 전에 기업경영에 대한 전반적인 이해가 선행되어야 의사결정의 결과에 대한 만족도를 높일 수 있다. 우선 기업의 설립절차와 기업결산을 통한 회계감사제도의 목적과 효력에 대한 이해를 하도록 하자.

1. 기업의 설립절차

기업은 개인기업과 법인기업으로 구분할 수 있는데 개인기업이든 법인기업이든 사업을 영위하기 위해서는 관할세무서를 통하여 사업자 등록을 필해야 한다.

1) 사업자등록제도

신규로 사업을 개시하는 모든 사업자는 사업장마다 사업자의 인적사항과 영업에 관한 기초자료를 사업장 소재지 관할 세무서장에게 등록하여야 한다. 정부는 사업자의 등록에 의해서 사업자별 고유번호를 부여하여 납세자의 파악과 관리 등으로 조세행정의 능률을 기하고 있다. 따라서 부가가치세법은 사업자들로 하여금 일정한 요건을 갖추어 관할 세무서에서 등록을 의무화하고 있다((부법 제5조 1항).

(1) 사업자등록의 신청

사업자가 신규로 사업을 개시할 때는 사업개시일로부터 20일 이내에 사업장 관할 세무서장에게 사업자등록을 하여야 한다. 단, 신규로 사업을 개시하고자 하는 자는 사업개시일 전이라도 사업자등록을 하도록 하고 있다.

(2) 사업자등록의 기재사항

사업자등록신청서는 별지 제3호 서식에 의한다. 법인인 경우는 법인세법 시행규칙 별지 제73호 서식에 의하여 신청하면 된다. 사업자 등록신청시 기재사항은 다음과 같다.

① 사업자의 인적 사항
② 사업자등록신청사유
③ 사업개시 연월일 또는 사업장설치착수 연월일
④ 기타 참고사항

그리고 신청시 첨부서류는 다음과 같다. 단, 법인의 설립등기 전 또는 사업의 허가·등록이나 신고 전에 사업자등록을 하는 때에는 법인설립을 위한 발기인의 주민등록표등본 또는 사업허가신청서 사본·사업자등록신청서 사본·사업신고서 사본이나 사업계획서로 이에 갈음할 수 있다.

① 법인인 경우 법인등기부등본
② 법령에 의해 허가를 받거나 등록 또는 신고를 하여야 하는 사업의 경우에는 사업허가증 사본, 사업등록증 사본, 신고필증 사본
③ 사업장을 임차한 경우에는 임대계약서 사본

[별지 제3호 서식]

접수번호 -	**사업자등록신청서**(개인사업자용) (법인이 아닌 단체의 납세번호신청서)	처리기간 7 (14)일

인적사항				
	상 호 (단체명)		전 화 번 호	(사업장) (자 택)
	성 명 (대표자)		주민등록번호	-
	사 업장(단체) 소 재 지			
	E-Mail 주소		비 밀 번 호 (기재요령참조)	

사업장 현황

사 업 의 종 류						개 업 일	종업원수
주업태	주종목	주업종코드	부업태	부 종 목	부업종코드		

사업장 구분		사업장을 빌려준 사람		사업장 사용료	
자 가	타 가	성 명(법인명)	주민(법인사업자) 등록번호	전세(보증)금	월 세
				만원	만원

사업장 면적	사업자금 내역(전세·보증금 포함)		주 류 면 허		
	자 기 자 금	타 인 자 금	면 허 번 호	면 허 신 청	
㎡	만원	만원		여	부

특별소비세 (해당란에 ○표)	제조		판 매		장 소		유 흥	

공동사업자명세

출자금			만원	성립일			
성 명	주민등록번호	지분율	관계	성 명	주민등록번호	지분율	관계
	-				-		
	-				-		

부가가치세법 제5조제1항제25조제3항 및 동법시행령 제7조제1항제74조제4항의 규정에 의하여 위와 같이 사업자등록 [□일반과세자 □간이과세자 □ 면세사업자 □ 기타단체] 을 신청합니다.

년 월 일

신청인 (서명 또는 인)

세무서장 귀하

※구비서류	수수료
1. 사업허가증 사본(법령에 의한 허가사업자인 경우) 1부 2. 임대차계약서 사본(사업장을 임차한 경우) 1부	없 음

기재요령 : 비밀번호는 E-Mail 주소와는 관계없이 4자리 숫자로 기재하여야 합니다. 전자민원서비스를 제공받을 때에 이 비밀번호에 의하여 본인 여부를 확인하게 되니 반드시 기억하고 계시기 바랍니다.

(3) 사업자등록증의 교부

사업자등록신청을 받은 세무서장은 7일 이내에 사업자등록증을 교부하여야 한다. 단, 사업장시설, 사업현황을 확인하기 위하여 국세청장이 필요하다고 인정할 때에는 7일에 한하여 연장하고 사업자등록증의 교부에 대한 적정성을 조사하여 교부할 수 있다.

그리고 다단계판매원은 다단계판매원에게 부여된 등록번호(판매원관리번호)를 사업자등록번호로 본다.

[별지 제4호 서식(1)]

사 업 자 등 록 증

(면세사업자용 *)

등록번호 : 502-27-13792

①상 호: C&S 경영컨설팅 ②성 명: 성 백 춘

③개 업 연 월 일: 2007년 5월 10일 ④주민등록번호: 620210-1234567

⑤사 업 장 소 재 지: 대구광역시 수성구 신매동 10-39

⑥사 업 자 의 주 소: 대구광역시 수성구 사월동 464번지

사 업 의 종 류: 업태 서비스 종목 회계실무

⑧교 부 사 유: 신규

⑨공 동 사 업 자:

⑩주류판매신고번호:

2007년 5월 10 일

동대구 세무서장 인

세무상담은 ☎전국 어디서나 1588-0060 210㎜×297㎜(보존용지(1종)120g/㎡)

* 간이과세사업자의 경우에는 '간이과세자용'으로 기재한다.

(4) 사업자등록증의 정정

❖ 정정신고

사업자가 최초 사업자등록증을 교부받고 사업을 영위하다가 다음의 사유가 발생하면 지체 없이 사업자등록 정정신고서에 사업자등록증을 첨부하여 관할 세무서장에게 제출하여야 한다.

① 상호를 변경하는 때
② 법인의 대표자를 변경하는 때
③ 사업의 종류에 변동이 있는 때
④ 사업장을 이전하는 때
⑤ 상속으로 인하여 사업자의 명의가 변경되는 때
⑥ 공동사업자의 구성원 또는 출자지분의 변경이 있는 때

위 ④의 경우에 정정신고를 받은 사업장 관할 세무서장은 종전의 사업장 관할 세무서장에게 지체 없이 사업장의 이전 사실을 통지하여야 한다.

또한 2002년 11월 1일부터 상가건물임대차보호범의 시행에 따라 상가건물임대차보호법의 적용을 받는 건물의 임차인은 건물의 도면을 세무서장에게 제출하여야 한다.

따라서 임대인, 임대차목적물의 면적, 임대보증금, 월세 등의 변경이 발생하는 경우에는 사업자등록내용을 정정신고 하여야 한다.

이 경우의 정정신고는 확정일자를 받은 경우에는 의무사항이지만 그 외에는 임차인의 선택사항으로 하고 있다.

❖ 정정교부

정정신고를 받은 세무서장은 다음의 기한 내에 정정내용을 확인하고 사업자등록증의 기재사항을 정정하여 재교부하여야 한다.

① 사업의 종류에 변동이 있는 때, 사업장을 이전하는 때, 공동사업자의 구성원 또는 출자지분의 변경이 있는 때의 경우는 신청일로부터 7일 내
② 기타의 경우에는 신청일로부터 2일 내

2. 회계감사제도

1) 회계감사의 목적

회계감사(auditing)의 목적은 감사는 감사대상 재무제표가 회사의 재무상태와 경영성과 및 기타 재무정보를 일반적으로 인정된 회계처리기준에 따라 중요성의 관점에서 적정하게 표시하고 있는지에 대하여 감사인이 독립적으로 의견을 표명함으로써 재무제표의 신뢰성을 제고하고 재무제표의 이용자가 회사에 관하여 올바른 판단을 할 수 있도록 함을 목적으로 한다. 회계감사기준 3.(감사의 목적)]

2) 감사의견

적정의견, 한정의견, 부적정의견, 의견거절 4가지로 구분한다.

3) 외부감사 대상 기업

외부감사에관한법률 시행령 제2조(외부감사의 대상) 외부의 감사인에 의한 회계감사(이하 "외부감사"라 한다)를 받아야 하는 주식회사는 다음 각 호의 어느 하나에 해당하는 주식회사로 한다.

1. 직전 사업연도 말의 자산총액이 100억원 이상인 주식회사(그 주식회사가 분할하거나 다른 회사와 합병하여 새로운 회사를 설립한 경우에는 설립시의 자산총액이 100억원 이상인 주식회사를 말한다)
2. 주권상장법인(「자본시장과 금융투자업에 관한 법률」에 따른 주권상장법인을 말한다. 이하 같다)과 해당 사업연도 또는 다음 사업연도 중에 주권상장법인이 되려는 주식회사
3. 직전 사업연도 말의 부채총액이 70억원 이상이고 자산총액이 70억원 이상인 주식회사(그 주식회사가 분할하거나 다른 회사와 합병하여 새로운 회사를 설립한 경우에는 설립 시의 부채총액이 70억원 이상이고 자산총액이 70억원 이상인 주식회사를 말한다)
4. 직전 사업연도 말의 종업원(제1조의4제2항제2호 후단에 따른 종업원을 말한다. 이하 같다)수가 300명 이상이고 자산총액이 70억원 이상인 주식회사(그 주식회사가 분할하거나 다른 회사와 합병하여 새로운 회사를 설립한 경우에는 설립 시의 종업원 수가 300명 이상이고 자산총액이 70억원 이상인 주식회사를 말한다)

② 법 제2조제2호에서 "대통령령으로 정하는 주식회사"란 법 제4조제1항에 따른 감사인

선임기간의 종료일 현재 다음 각 호의 어느 하나에 해당하는 주식회사(감사인을 선임한 후 다음 각 호의 어느 하나에 해당하게 된 주식회사로서 증권선물위원회가 인정하는 주식회사를 포함한다)를 말한다. <개정 2010.11.15>

1. 지방자치단체가 자본금의 2분의 1 이상을 출자한 주식회사
2. 「자본시장과 금융투자업에 관한 법률」에 따른 투자회사
3. 「기업구조조정투자회사법」에 따른 기업구조조정투자회사
4. 「은행법」에 따른 은행으로부터 당좌거래의 정지처분 중에 있는 주식회사. 다만, 「채무자 회생 및 파산에 관한 법률」에 따라 회생절차의 개시가 결정된 주식회사는 제외한다.
5. 청산중이거나 1년 이상 휴업 중인 주식회사
6. 「상법」에 따라 합병절차가 진행 중인 회사로서 해당 사업연도 내에 소멸될 주식회사
7. 제1호부터 제6호까지의 규정에 준하는 사유로 증권선물위원회가 외부감사를 실시할 필요가 없다고 인정하여 지정하는 주식회사

4) 감사인의 독립성 확보

외부감사인은 피감회사의 회계감사 목적을 달성하기 위해서는 감사인이 주위의 어떠한 영향을 받지 않고 객관적이고 투명한 감사업무를 하고 그에 대한 감사의견을 제시할 수 있도록 감사인의 독립성이 유지되어야 하는데 이러한 조건이 충족 되었을 때 감사인의 독립성이 확보되었다고 할 수 있다.

5) 감사의견의 종류와 효력

(1) 감사의견(auditors opinion)

외부감사의 감사의견이란 피감법인의 재무제표 내용이 재무제표가 재무상태와 경영성과를 정확하게 반영하고 있는지를 일반적으로 인정된 회계처리기준에 따라 중요성의 관점에서 적정하게 표시되고 있는지에 관해 감사인의 의견을 명료하게 표명하여야 한다.

(2) 감사의견(auditors opinion)의 종류

공인회계사가 표시하는 감사의견에는 적정의견, 한정의견, 부정적의견, 의견거절 등 4가지로 구분하며, 감사의견별 내용은 다음과 같다.

① 적정의견

재무제표의 모든 항목이 적절히 작성되어 기업 회계기준에 일치하고 불확실한 사실이 없을 때 표시하는 의견.

② 한정의견

회계처리 방법과 재무제표 표시방법 중 일부가 기업회계에 위배되거나, 재무제표의 항목에서 합리적인 증거를 모두 얻지는 못하고 있어 관련되는 사항이 재무제표에 영향을 주거나 줄 수 있다고 인정되는 경우는 이런 영향을 제외하거나 없다는 것을 조건으로 내세워 기업의 재무제표가 기업 회계기준에 적정하게 표시하고 있다는 의견.

③ 부정적의견

재무제표가 전체적으로 합리적으로 기재되지 못하고 왜곡표시 됨으로써 무의미하다고 인 정되는 경우를 표시하는 의견.

④ 의견거절

감사의견을 형성하는 데 필요한 합리적 증거물을 얻지 못하여 재무제표 전체에 대한 의견표명이 불가능한 경우, 또는 기업존립에 관계될 정도의 객관적 사항이 특히 중대한 경우, 또는 감사의 독립성이 결여되어 있는 경우 등은 이러한 사유를 기재하고 이 때문에 재무제표에 대한 의견을 표명할 수 없음을 표시하는 의견.

(3) 감사의견(auditors opinion)에 대한 효력

① 상장기업인 경우 외부감사인으로부터 감사의견 판정 중

한정의견 : 관리종목에 지정하고 두 차례 연속 받을 경우 상장이 폐지

부적정의견 및 의견거절 : 곧바로 상장 폐지됨.

② 등록기업인 경우

부정적, 의견거절 또는 감사범위 제한에 의한 한정 : '관리종목'으로 지정되고 코스닥위원회의 승인을 거쳐 등록이 취소된다. <출처 : 네이버 지식백과>

제2장 경영분석

기업경영을 이해하는 데는 경영 전 분야의 이해가 요구되지만 우선적으로 재무제표를 중심으로 한 비율분석을 통한 경영분석기법을 이해하도록 연구해보자.

비율분석이란 재무제표를 근거로 재무제표에 표기된 항목들 간의 수치를 비율로 산출하여 기업의 재무상태와 경영성과를 분석하는 경영분석기법 중의 하나이다.

1. 비율분석의 목적과 이해관계인

공통의 목적 : 해당 기업에 대한 각종 의사결정을 하는데 유용한 정보로 활용하기 위함이다.

1) 내부관계자

경영자 또는 의사결정권자로 하여금 기업의 중·장기 경영계획 수립, 각종 의사결정에 유용한 정보로 활용.

2) 외부관계자

투자자, 채권자, 거래처 등은 투자시점, 대출시 고려사항, 거래의 성립여부 등의 의사결정에 유용한 정보로 활용.

2. 안정성비율

안정성 비율은 재무제표중 대차대조표 항목에 의해 나타나는 비율분석이다.

$$자기자본비율 = \frac{자기자본}{총자본(총자산)} \times 100$$

$$유동비율 = \frac{유동자산}{유동부채} \times 100$$

$$당좌비율 = \frac{당좌자산}{유동부채} \times 100$$

$$현금비율 = \frac{현금예금}{유동부채} \times 100$$

$$고정비율 = \frac{부\quad채}{자기자본} \times 100$$

$$고정부채비율 = \frac{고정부채}{자기자본} \times 100$$

$$유동부채비율 = \frac{유동부채}{자기자본} \times 100$$

$$차입금\ 대\ 매출액 = \frac{차입금}{매출액} \times 100$$

$$차입금의존도 = \frac{차입금}{총자산} \times 100$$

$$순운전자본\ 대\ 총자본 = \frac{순운전자본}{총자산} \times 100$$

$$매출채권\ 대\ 매입채무 = \frac{매출채권}{매입채무} \times 100$$

3. 수익성비율

수익성 비율은 재무제표 중 손익계산서 항목에 의해 나타나는 비율분석이다.

$$\text{총자산경상이익율} = \frac{\text{경상이익}}{\text{총자산}} \times 100$$

$$\text{매출액 총이익율} = \frac{\text{매출총이익}}{\text{매출액}} \times 100$$

$$\text{총자산순이익률} = \frac{\text{당기순이익}}{\text{총자산}} \times 100$$

$$\text{매출원가율} = \frac{\text{매출원가}}{\text{매출액}} \times 100$$

$$\text{기업경상이익율} = \frac{\text{경상이익+이자비용}}{\text{총자산}} \times 100$$

$$\text{매출액영업이익율} = \frac{\text{영업이익}}{\text{매출액}} \times 100$$

$$\text{자기자본경상이익율} = \frac{\text{경상이익}}{\text{자기자본}} \times 100$$

$$\text{매출액경상이익율} = \frac{\text{경상이익}}{\text{매출액}} \times 100$$

$$\text{자기자본순이익율(ROE)} = \frac{\text{당기순이익}}{\text{자기자본}} \times 100$$

$$\text{매출액순이익율} = \frac{\text{당기순이익}}{\text{매출액}} \times 100$$

$$\text{자본금순이익율(ROI)} = \frac{\text{당기순이익}}{\text{자본금}} \times 100$$

$$\text{금융비용부담율} = \frac{\text{금융비용}}{\text{매출액}} \times 100$$

$$\text{이자보상비율} = \frac{\text{영업이익}}{\text{이자비용}} \times 100$$

$$\text{배당성향} = \frac{\text{배당금}}{\text{당기순이익}} \times 100$$

4. 재무비율 분석(실증분석)[1]

기업분석을 하는 과정에서 이해관계가 있는, 이해관계를 형성하고자 하는 기업에 대한 경영분석이 요구된다. 그 중 기업의 재무제표를 통한 기업의 재무비율분석을 해보자.

1) 부채비율

부채비율이란 자기자본과 타인자본이 차지하는 비율을 분석하는 지표이다.

부채비율 = 부채총계 ÷ 자본총계(자기자본) × 100

부채비율이 높으면 우발적인 위기상황 등에서 대체능력이 매우 낮아 기업의 지속가능성에 대한 우려가 예상된다고 할 수 있다.

2) 유동비율

유동비율은 1년 이내에 현금화 할 수 있는 유동자산과 1년 이내에 상환하여야 할 유동부채)와의 관계에 대한 지표이다.

유동비율 = 유동자산 ÷ 유동부채 × 100

3) 자기자본비율

자기자본비율은 총자본(자기자본과 부채를 합한 금액)과 자기자본과의 관계에 관한 지표이다.

자기자본비율 = 자기자본 ÷ 총자본 × 100
자기자본비율 = 자기자본 ÷ (부채합계 + 자본합계) × 100
자기자본비율= 자기자본 ÷ 자산합계 × 100

---

1) 자료제공 : 청솔투자클럽

4) 총자산회전율

총자산이라는 것은 자산총계를 말한다.

총자산회전율은 매출액을 총자산으로 나눈 값이다.

$$\frac{\text{매출액}}{(\text{기초자산} + \text{기말자산}) \div 2}$$

5) ROE (자기자본수익률)

ROE는 자기자본을 통하여 수익발생률을 나나내는 지표이다.

$$ROE = \frac{\text{당기순이익}}{\text{자기자본}} \times 100$$

$$= \frac{\text{당기순이익}}{\text{매출액}} \times \frac{\text{매출액}}{\text{총자산}} \times \frac{\text{총자산}}{\text{자기자본}} \times 100$$

$$= \text{매출액이익률} \times \text{자산회전율} \times (1+\text{부채비율}) \times 100$$

매출액이익률은 기업의 수익성을 나타내주는 지표이고
자산회전율은 기업의 활동성을 나타내주는 지표이며
부채비율은 기업의 안정성을 나타내주는 지표이다.

❖ ROA(총자산순이익률)

기업의 당기순이익을 자산총액으로 나누어 얻어지는 수치로 특정 기업이 자산을 얼마나 효율적으로 운용했느냐를 나타내는 지표이다.

ROA = 영업이익 ÷ (자기자본 + 타인자본)

❖ PER(주가수익률)

주가수익비율(price-earning ratio)은 특정 주식의 주당시가를 주당이익으로 나눈 수치를 나타낸다.

5. 대리인 비용(Agency Cost)

대리인 비용이란 법인기업의 특징 중 하나인 소유와 경영의 분리를 들 수 있는데 소유와 경영의 분리를 위해서는 전문 경영인을 도입해야 한다.

주주 등 이해관계자는 외부에서 영입된 전문경영인이 기업의 이윤창출, 주주부의 극대화를 위해 노력하고 있는가에 대한 감시기능이 필요하게 된다. 이와 관련 감시기능에 소요되는 비용이 발생하는데 이를 대리인비용이라 한다. 전문용어를 빌어 정의하면 기업의 주체(주주, 채권자)와 대리인(경영자)과의 상충된 이해관계로 인하여 발생하는 비용으로 다음과 같이 구분할 수 있다. ① 감시비용(monitoring cost) : 대리인의 행위가 주체의 이익으로부터 이탈하는 것을 제한하기 위하여 주체가 부담하는 비용을 말한다. ② 확증비용(bonding cost) : 대리인이 주체에게 해가 되는 행위를 하지 않고 있음을 확증하기 위해야 대리인이 부담하는 비용을 말한다. ③ 잔여 손실(residual cost) : 대리인의 의사 결정과 주체의 입장에서 본 최적 의사결정 사이에는 괴리가 발생하는데 이러한 괴리로 말미암아 주체가 감수하게 되는 부의 감소를 의미한다. <출처 : 네이버 지식백과>

【저자소개】

성 백 춘

· 경북대학교 대학원 회계학과 졸업(경영학석사)
· 대구대학교 대학원 회계학과 졸업(회계학박사)
· 경영지도사, 원가관리사

· 전. * 대구지방경찰청기동대 경리담당
* 창성어패럴 경리과장
* 대구대학교 외래교수
* 경일대학교 회계학과 초빙교수
* 경상북도 공무원 연수원 복식회계 강사
* 대구아동복지협회 세법강사
* 한국전문대학 재정관리자협의회 대구협의회장
* 웅비회계실무아카데미 대표강사

· 현. * 법무부 대구소년원 강사
* 대한제과협회 대구 경북지회 세법강사
* 대구경북 전문대학 법인협의회 회장
* 대구보건대학교 교양학부 교수/법인사무국장

· 현. 한국전산회계학회 부회장, 한국회계정보학회 상임이사, 한국회계학회, 한국국제회계학회 회원

<저서 및 논문>
· 기초회계실무, 원가회계, ERP실무, 기업의 회계와 세무실무, 현장실무 위주의 경리실무, ACE전산회계 1·2급
· 전문대학 교육원가 산정에 관한 연구(경북대학교 석사학위 논문)
· ERP시스템의 내부통제가 조직성과에 미치는 영향에 관한 실증연구(대구대학교 박사학위 논문)외 다수

김 영 택

· 계명대학교 졸업
· 경북대학교 경영대학원 졸업(경영학석사)
· 대구카톨릭대학교 대학원 경영학과 졸업(경영학박사)

· (주)태영경영컨실팅 대표이사
· 대구카톨릭대학교 교수

<저서 및 논문>
· SMERP 활용, 전산세무회계, 회계원리의 이해, 회계관리를 위한 전산실무, 현장실무 위주의 경리실무

생활속의 회계와 세금

인 쇄 / 2013년 2월 26일
발 행 / 2013년 3월 5일

저 자 / 성백춘 · 김영택
발행인 / 김 창 석
발행처 / 홍 익 출 판 사

대구광역시 중구 삼덕 3가 245-2
(053)421-6700, 427-3627
등록 1987년 11월 26일 제1-107호

정가 14,000원

ISBN 978-89-7826-249-1 93320

◈ 파본은 구입처에서 교환해 드립니다.